Hans Bergel

Das Spiel und das Chaos

Hans Bergel

Das Spiel und das Chaos

Essays und Vorträge

EDITION
Noack & Block

Umschlagabbildung: Ausschnitt aus einem Aquarell
von Heinrich Schunn (1897 – 1984)

ISBN 978-3-86813-013-3

Herstellung durch das atelier eilenberger, Taucha bei Leipzig
Printed in Germany
Gedruckt auf säurefreiem, alterungsbeständigem Papier.
www.noack-block.de

Inhaltsverzeichnis

Vorbemerkung

Dieser Band versammelt ausgewählte Texte von Hans Bergel, die in zurückliegenden Jahren für Kulturzeitschriften, Rundfunk und besondere Anlässe verfasst wurden. Das muss im Zusammenhang gesehen werden: Der Produktivität des Erzählers mit Werken wie z. B. den Romanen *Der Tanz in Ketten* oder *Die Wiederkehr der Wölfe*, den Novellenbänden *Am Vorabend des Taifuns* und *Die Wildgans* o. a. steht die des Essayisten um nichts nach; gut über ein Dutzend Essay-Bände liegen bisher vor. Mit Sicherheit der beachtenswerteste folgt ihnen unter dem Titel *Das Spiel und das Chaos*.

Goethe und Kleist als Prototypen gegensätzlicher Grundbefindlichkeiten der Deutschen; Émile Ciorans Weltsicht als sublimierte Konsequenz des Fluchs aus historischer Verzweiflung; die Eigendynamik der Sprache als narrativer Bewegungsimpuls ... Schon diese Themenstellungen aus drei der fünfzehn folgenden Arbeiten machen das Hauptmerkmal der Essayistik Hans Bergels deutlich – den unkonventionellen Blickwinkel. Auch die Musik, die hellenische und maurische Architektur, die Schauspielkunst „der Gorvin" erfahren Auslegungen, an die wir bisher nicht dachten. Ebenso die Selbstverweigerung des jungen sizilianischen Atomphysikers Ettore Majorana, den „der Schrecken des Gewissens" (Schiller) über seine ungeheuerliche Entdeckung in die Abkehr von der Welt trieb. Nicht zuletzt ist der erstaunliche Bericht über die Entstehung eines literarischen Werkes in tyrannos im winterlichen Partisanenbiwak ein einzigartiges Dokument in der deutschen Literatur. Usw.

Bergels Essays und Vorträge bieten Erhellungen der ungewöhnlichen Art. Spiel–Chaos, Form–Anarchie, Gestalt–Wirrnis – im Spannungsfeld dieser Pole bewegt sich ihre Thematik mit jedes Mal über den Gegenstand und über die Zeit hinausweisender Gültigkeit.

George Guţu

Goethe und Kleist – Erscheinungen deutschen Selbstbegreifens

Anmerkungen zu einem zeitlosen Thema

Als der siebenunddreißigjährige Johann Wolfgang von Goethe 1786 den Brennerpaß in Richtung Italien hinter sich gelassen hatte, war nicht nur ein Bildungsabschnitt im Leben des Dichters des *Götz von Berlichingen*, des *Urfaust* und des Briefromans *Die Leiden des jungen Werthers* endgültig abgeschlossen. Überspitzt kann gesagt werden, daß sich in Goethes fast fluchtartiger Annäherung an die mediterrane Welt der Einschnitt im Bewußtsein einer Epoche des deutschen Geistes greifbar ausdrückt. Der erste Satz der auf dem Brenner niedergeschriebenen Aufzeichnung Goethes gibt der Deutungsphantasie aufschlußreiche Anregung: „Hierher gekommen, gleichsam gezwungen, endlich an einem Ruhepunkt, an einem stillen Ort, wie ich ihn mir nur hätte wünschen können."

Das klingt nach einem über den Tag hinausweisenden Fazit, auch wenn es lediglich als Abschluß einer Wegstrecke durch die Landschaften von Mittenwald über Scharnitz und Innsbruck gemeint war. Es klingt wie das Aufatmen eines Menschen, der nach Umgetriebenheit und Unrast ein Ziel erreichte, das ihm seit längerem vorschwebte. Ruhe- und Respektlosigkeit, Provokation und Rebellion waren in Geniestreichen, wie die deutsche Dichtung sie vorher nie gekannt hatte, die antreibenden Elemente zurückliegender Jahre gewesen – als *Sturm-und-Drang*-Epoche von der Literaturgeschichtsschreibung vermerkt. Kraftnaturen vom Zuschnitt des Hessen Friedrich Maximilian Klinger, des Livländers Jakob Michael Reinhold Lenz, des Elsässers Heinrich Leopold Wagner, des Schwaben Friedrich Schiller und, nicht zuletzt, des Hessen Johann Wolfgang von Goethe hatten mit Bühnenstücken wie *Der Hofmeister*, *Die Kindermörderin*, *Die Räuber*, *Götz von Berlichingen mit der eisernen Hand* Ausblicke aufgerissen, von denen die Nation erregt worden war. Niemand wird zögern, in den von überbordenden Gefühls- und Gemütsbewegungen bestimmten Ausbrüchen Positionen zu erkennen, die bis heute allgemein als spezifisch deutsch, ja als „teutonisch“ empfunden werden.

Zumindest symbolisch bezeichnete Goethes Reise in den Süden das Ende der erregten Epoche. Denn als Goethe 1788 Italien wieder verließ, war eine Reifeentwicklung abgeschlossen, an deren Ende sich nichts mehr vom Aufbegehren der Jahre vor Reiseantritt erkennen ließ. Der noch nicht Neununddreißigjährige, dem sich in der letzten römischen Nacht Ovids Abschiedselegie an die Ewige Stadt in die Erinnerung drängte, führte gleichsam im Gepäck den literarischen Nachweis seiner Wandlung mit: das in Rom achtmal von Grund auf überarbeitete Schauspiel *Iphigenie auf Tauris*. Kein Hauch mehr findet sich darin vom kraftmeierischen Gestus früherer Jahre, keine der Emotionsentladungen, der deutschen Maßlosigkeiten und Extreme, die Goethes und seiner Generation poetisches Verhalten vormals bestimmt hatten. Vielmehr waren in diesem Drama nun alle Gedanken- und Gefühlsausschweifungen maßgebundener Zurückhaltung, der tektonisch kühl durchdachten Komposition und dem Ethos der gesellschaftlichen Verantwortung untergeordnet.

Kein Zweifel, der Mann, der 1788 in einer Aprilnacht Rom verließ, kehrte als ein vom Kunstideal klassischer Ausgewogenheit geprägter, vom Grundsatz der im italienischen Geistesraum entdeckten Humanitas gebändigter „Teutone“ ins Europa nördlich der Alpen zurück. „Ich kann sagen, daß ich nur in Rom empfunden habe, was eigentlich ein Mensch sei. Zu dieser Höhe, zu diesem Glück der Empfindung bin ich später nie wieder gekommen; ich bin, mit meinem Zustande in Rom verglichen, eigentlich nachher nie wieder froh geworden." Dies bekannte, Jahrzehnte später, der Greis, und er charakterisierte sich als einen „in die nordische Schöpfung geworfenen Griechen", das heißt als einen Menschen jener Kulturwelt des europäischen Mittelmeers, in der seit der hellenischen Antike die Erkenntnis von der Unverzichtbarkeit der emotionalen und rationalen Gleichgewichtung vorrangige Gültigkeit besaß. Als befremdend empfanden denn auch nicht wenige Deutsche den Heimkehrer, der von sich sagte: „In Rom hab' ich mich selbst zuerst gefunden, bin ich zuerst übereinstimmend mit mir selbst glücklich und vernünftig geworden."

Hatte er damit nicht die Ideale seiner Jugend – und noch viel mehr – verraten? Irritierte er mit seinem gewandelten Erscheinungsbild der Maßhaltung und mit seiner Intellektualität von mediterraner Transparenz nicht viele bis zur Bestürzung? Lägen die Antworten hierauf allein im Literaturästhetischen, erübrigte sich die Erörterung. Doch es ging um weit mehr. Denn die durch Arbeit und Entsagen, durch lust- wie schmerzvolle Einsicht und Selbstdisziplinierung zustande gekommene neue Identitätsvergewisserung Goethes wirkte als Anspruch auf allgemeine Verbindlichkeit. Sie wurde dadurch im weitesten Sinn auch zum Politikum im geistigen Bereich seiner Umgebung. In ganzer Deutlichkeit zeigte sich das freilich erst zwanzig Jahre später – als es zu einem Zusammenstoß kam, der in der deutschen Geistesgeschichte kaum seinesgleichen hat. –

Achtundzwanzig Jahre nach Goethes Geburt in Frankfurt am Main im Westen Deutschlands hatte im zweiten deutschen Frankfurt, in dem an der Oder im Osten, ein anderer Dichter aus der erstaunlich großen Genieschar jener Tage das Licht der Welt erblickt: Heinrich Bernd von Kleist. Der Sprößling eines pommeranischen Adelsgeschlechts war fünf Jahre alt, als der Bürgersohn Goethe geadelt wurde, sieben, als Goethe nach Italien aufbrach. Und war Goethe als Fünfundzwanzigjähriger mit dem *Werther* weit über

Europa hinaus berühmt geworden, so schlug sich eine Generation später Kleist etwa im gleichen Alter mit dem Gedanken herum, Schriftsteller zu werden. 1808 traf der neunundfünfzigjährige Goethe in Erfurt den von ihm bewunderten neununddreißigjährigen Napoleon, während der einunddreißigjährige Kleist in Dresden an dem aus Haß auf Napoleon geborenen Drama Die *Hermannsschlacht* arbeitete. Doch 1808 schrieb Goethe auch am Roman *Die Wahlverwandtschaften*, in dem er, um Versöhnliches bemüht, heikle Liebesverwirrung „in der Begegnung von Leidenschaft und Sitte" abwägt, indessen Kleist die Tragödie *Penthesilea* veröffentlichte, in der er die Amazonenkönigin an dem aus ihrer Gefühlsverwirrtheit erwachsenen Unausweichlichen untergehen läßt. Aber alles, was Kleist, der nur 34 Jahre alt wurde, in atemberaubender Produktivität niederschrieb, ist vom Willen zur Ausschließlichkeit seiner Penthesilea bestimmt, getragen und beseelt: das sprichwörtlich gewordene Rechtsempfinden des Kohlhaas ebenso wie der kompromißlose Anspruch der Marquise von O.... dem russischen Grafen oder jener der Alkmene ihrem Gatten Amphytrion gegenüber, die Gefühlsunbeirrtheit des Käthchen von Heilbronn ebenso wie die durch die Präsenz der Heiligen Cäcilie gegebene Totalität des Musikerlebnisses, das Ethos des Gehorsams als Ausdruck höheren Selbstbegreifens bei dem Preußenprinzen Friedrich von Homburg genauso wie bei dem Normannenherzog Robert Guiskard.

Dennoch – trotz aller Gegensätzlichkeiten hatte sich Kleist dem schon in die Legende entrückten Goethe aus der Überzeugung genähert, auf einen zutiefst verwandten dichterischen Geist zuzugehen, als er ihm 1808 u. a. ein Manuskript und jenen Brief nach Weimar schickte, der den zu Ruhm gekommenen Satz enthält: „Es ist auf den Knien meines Herzens, daß ich vor Ihnen erscheine." Unüberhörbar nicht nur die Ehrfurcht vor dem großen Mann, auch der zutrauliche Ton, die Annäherung in der Hoffnung auf Verständnis wagen zu dürfen. Der Dichter der Zeilen in *Faust, Der*

Tragödie zweiter Teil: „Gefühl ist alles; Name ist Schall und Rauch", konnte vom Dichter des *Katechismus der Deutschen*, in dem die gleicherweise großartig beschwörende Formel von der „alten, geheimnisvollen Kraft der Herzen" zu lesen ist, nach Wesen und Daseinsverständnis niemals weit entfernt sein, trotz fast dreier Jahrzehnte Lebens- und Erfahrungsunterschied, trotz der westlichen Herkunft des einen, der östlichen des anderen.

Die Hinweise auf Gemeinsamkeiten der beiden sind Hinweise auf Gemeinsamkeiten bis in den Wurzelboden ihrer Persönlichkeit hinab. Beiden eignete die Vorstellung des Kunstansatzes von der Natur her, beiden waren ideologisierende Schemata wesensfremd, beide waren von der Fülle ihrer schöpferischen Natur her allem Manierismus souverän überlegen, beide vom Wunsch getrieben, zu „erkennen, was die Welt im Innersten zusammenhält", wie es bei Goethe, den „ganzen Zusammenhang der Dinge" zu erfassen, wie es bei Kleist hieß. Dennoch reagierte Goethe auf Kleist mit einer Heftigkeit der Ablehnung, die an ihm, dem zur Mäßigung und Beherrschung Selbsterzogenen, befremdet, ja die uns erschreckt und zur Frage zwingt: Was ereignete sich hier jenseits von Kunst, Literatur, Ästhetik und Politik? Ging es bei dem Schnittpunkt, an dem die beiden aufeinandertrafen – in Briefen, Äußerungen, Nachreden –, überhaupt darum? Werden an ihnen nicht vielmehr über die Person hinaus Grundpositionen unterschiedlicher Lebensorientierung deutlich – unübersehbar, weil in zwei der genialsten Erscheinungen der deutschen Geistesgeschichte verkörpert, deren genuine poetische Brüderschaft auf der Hand liegt? „Mir erregte dieser Dichter immer Schauder und Abscheu", sagte Goethe über Kleist und befand in grotesker Fehleinschätzung über dessen künstlerische Potenz, sie gleiche „einem von Natur schön intentionierten, aber von unheilbarer Krankheit ergriffenen Körper". Doch er legte sich auch das Wort zurecht, das dem tapferen Kleist Trübsinn andichtete: „Sein Hypochonder ist gar zu arg." Mit dem Ton ungehaltenen Vorwurfs nannte er ihn nicht nur einen „großen Geist des Widerspruchs“, sondern ließ sich zur Unbeherrschtheit hinreißen, ihn als „die verfluchte Unnatur“ zu verwünschen, wie er ihn in ebenso beklemmender Verkennung als ein Talent gelästert hatte, das nicht halte, was es verspreche. Selbst viele Jahre nach Kleists Freitod reagierte Goethe auf die Nennung des Namens „Kleist“ immer noch mit Beschimpfung.

Das Ungeheuerliche liegt weniger im bedrückenden Vokabular aus diesem Mund, auch nicht in der falschen Einschätzung des Menschen und neben ihm, Goethe, größten deutschen Dichters, der mit *Die Marquise von O....* die vollendete Novelle geschrieben, mit *Prinz Friedrich von Homburg* das überragende Schauspiel deutscher Sprache, mit der *Anekdote aus dem letzten preußischen Kriege* deren unüberbotene Kurzgeschichte und mit *Der zerbrochne Krug* deren bestes, mit *Amphytrion* deren geistvollstes Lustspiel geschaffen hatte – an Kunst dem meisten überlegen, was Goethe in diesen Gattungen je glückte, und, ziehen wir die Tragödie *Penthesilea* hinzu, allem weit voraus, was Goethe an psychologischem Wissen über seine eigenen Literaturgestalten aufzubringen hatte, nahm Kleist doch gerade mit ihr die viel spätere Revolutionierung des Griechenbildes und, über ein Jahrhundert hinaus, die Psychoanalyse vorweg. Das Ungeheuerliche liegt in der Irrationalität der Reaktion auf den Jüngeren und im auffahrenden Starrsinn, mit dem Goethe bis ans Lebensende darauf beharrte. Beides verräterisch aufschlußreich. Denn es kann nur heißen, daß Goethe bei der Begegnung mit Kleist begriff, daß ihn der an dichterischem Genie Ebenbürtige in der Orientierung seiner geistigen Existenz und damit in seiner Lebensanlage in Frage stellte. Alle anderen Erklärungen für das Phänomen seiner hemmungslosen Ausfälle erscheinen unzulänglich.

Nur seiner individuellen Existenz? Oder, mehr noch, in seinem über sich selber hinausgedachten Welt- und Menschenbild, das er, aus dem Süden geläutert heimgekehrt, zur Maxime auch der Umgebung gemacht hatte? Und Goethes eigentliche Umgebung, seine

„Heimat", war ein Imperium – es waren die Deutschen, es war Europa im Zeichen der Kunst- und Kulturnormen, die er wesentlich mitbestimmt hatte und die er als kontinentale Leitfigur über weite Strecken beherrschte. Natürlich ist manches dafür zu nennen, daß der Zusammenstoß, der Kleist fassungslos machte, auch eine Frage differierender Generations-, Familien-, Bildungssituationen wie geistiger Klimate im westlichen und im östlichen Frankfurt war, daß er auch in der unterschiedlichen Haltung zu den politischen Vorgängen gründete. Doch weder individuelle Aspekte des Generationskonflikts noch des kulturellen Zeithintergrunds mit den aus dem Idealismus der Klassik ausbrechenden Entwicklungen bieten erschöpfende Erklärung für Grund und Ausschließlichkeit der Erbitterung des Zusammenpralls.

„Der Schrecken", schrieb der profunde Kleist-Kenner Günter Blöcker, „den Kleist auch heute noch auf manche Gemüter ausübt, erklärt sich aus der Tatsache, daß sein Werk die vollständige Bankrotterklärung des deutschen Idealismus ist. Dabei übersehen die Verschreckten, daß dieser Bankrott unumgänglich, daß er notwendig war. Der abstrakte Humanismus der Klassik war an einem Punkt angelangt, wo er in sein Gegenteil umschlug: in die unmenschliche Versteinerung. Wollte man zu den menschlichen Grundlagen [...], zur humanen Substanz zurück, so mußte man den Marmor der *Iphigenie* zertrümmern. Das hat Kleist getan – auf die Gefahr hin, daß man ihn als Herostrat mißverstehen und brandmarken würde. Er hat dem modernen Drama, der modernen Literatur überhaupt, den Weg gewiesen: den Weg des Geistes durch das Elementare und damit den Weg der Regeneration des Humanen aus seiner ursprünglichen widerspruchsvollen Vielfalt."

Die Zertrümmerung des *Iphigenie*-Marmors – wer sie vornahm, der betrieb die Zertrümmerung des Lebensentwurfs Goethes, ja er erschütterte die Fundamente des komplexen goetheschen Lebensbaues. Kleist hat das nie gewollt. Doch spätestens angesichts der

Glutkaskaden der *Penthesilea* begriff Goethe, daß *seine* Daseinsvision nicht, wie er gemeint hatte, den einzig verantwortbaren Existenz- und Kulturbegriff propagierte: daß der um eine Generation Jüngere die Begehbarkeit des *anderen* Wegs bewies. Der Idee von der Zähmung der Kräfte des Elementaren, Chaotischen, die allem Lebendigen innewohnen, verpflichtet, lehnte er um der zivilisatorischen Würde des Menschen willen jene letzte Konsequenz ab, die wiederum Kleist zum Dreh- und Angelpunkt der Wahrhaftigkeit seiner Daseinsvision gemacht hatte. Goethes weltumarmende Verszeilen: „Das Lebendige will ich preisen/Das nach Flammentod sich sehnet“, drei Jahre nach Kleists Tod geschrieben, können wie kein zweites Wort über Kleists Leben stehen. In ihrer von Kleist wörtlich genommenen Ausschließlichkeit aber sah Goethe als Ergebnis seiner Selbstfindung im Kulturraum des Homo mediterraneus die Gefährdung des gesellschaftlichen Konsenses, der die Idee von der versöhnenden Synthese zu einem ihrer Pfeiler haben muß. Kleist wirkte in seinem Werk als pausenlos die Tiefe durchlotender Wahrheitssucher, den der allgemeine Konsens in diesem Sinne nicht scherte, vielmehr hielt und hält er durch Offenlegung des Elementaren als einer unaufhebbaren Komponente menschlicher Ganzheit das Bewußtsein von deren Gefährdung wach. Hierin liegt ja die humane Verantwortlichkeit seiner Dichtung. Beide, Goethe wie Kleist, wußten sich moralisch wie philosophisch legitimiert, und beide waren als zwanghaft in sich selber wurzelnde schöpferische Naturen nicht legitimiert, ihre Position aufzugeben.

So prallten in ihnen nicht nur zwei Epochen aufeinander, sondern über alle Zeit hinaus auch zwei archetypische Befindlichkeiten menschlicher Existenz. Goethe konnte also auf Kleist nicht anders reagieren – es sei denn, er hätte die grandiose Anlage des eigenen Daseins verleugnet. Für den Jüngeren aber endete der Zusammenstoß wenn auch als mittelbare, so doch unausweichliche Folge in dem mit „unaussprechbarer Heiterkeit“, wie er schrieb, angestrebten Freitod am Wannsee in Berlin, wo heute der Gedenkstein an ihn erinnert. Nur erinnert? Dürfen es sich die Deutschen leisten, hier lediglich von Erinnerung zu sprechen? Wird in dieser Konfrontation nicht auch etwas von den Spannungen der alten Begegnung zwischen spezifisch westlicher und spezifisch östlicher Geisteshaltung sichtbar?

Es gibt zeitgenössische Äußerungen, die belegen, daß Goethe in der als kleistisch definierbaren Haltung des Ausschließlichen einen beunruhigend wilden Wesenszug im Erbteil der Deutschen sah. Er, Goethe, war mit ihm durch Aneignung des im klassischen Kulturraum Europas herangereiften Formbegriffs fertig geworden; ihn die Deutschen zu lehren, war er unablässig bemüht. Da begegnete ihm Heinrich Bernd von Kleist. Und im dramatischen Licht dieses Aufeinanderpralls stehen Goethe und Kleist bis heute unverändert als lebendige Erscheinungen deutschen Selbstbegreifens vor uns, ja mitten unter uns. Doch im Konflikt der beiden kommt auch etwas von den mächtigen inneren Spannungen zum Ausdruck, die dem Psychogramm der Deutschen nicht zuletzt als Folge ihrer geographischen Lage nachgesagt werden: In Europas Fadenkreuz der Geistesbewegungen von West nach Ost, von Süd nach Nord und umgekehrt das Land und die Nation zu sein, in die unaufhörlich aus allen Richtungen polare Kräfte einströmen. Davon ist weitgehend das Elend und der Glanz der Deutschen bestimmt, und es wird immer der Prüfstein ihrer Lebensfähigkeit bleiben, den einander widerstrebenden Kräften ausgesetzt zu sein, sie abzustoßen oder sie aufzunehmen, um sie dann zu verarbeiten und in eigene Persönlichkeit zu verwandeln.

Erstfassung 1959
Gekürzte Rekonstruktion 1965
Endgültige Fassung Juni 1993:
Bayerischer Rundfunk

Versuch über Friedrich Schillers Theorie der Kultur

Die Idee des Spiels als Grundlage der Erziehung

Als ich im Herbst des vorigen Jahres das ehrenvolle Angebot annahm, zum 50. Jahresjubiläum des Bukarester Kulturhauses mit dem Namen Friedrich Schillers die Festansprache zu halten, war ich mir des Gewichtes der Aufgabe bewusst, der ich mich zu stellen hatte. Mir fiel Thomas Manns Erschrecken ein, als er 1955 zum 150. Todestag Schillers die Gedenkrede halten sollte und ihm klar wurde, dass er bei der Suche nach neuen Gedanken über den Dichter und Denker Schiller – wie er wörtlich sagte – „vor einem Gebirge kundiger Würdigungen und Erörterungen seines Lebens“ stand, bei dessen Anblick er den Mut verlor, all dem noch etwas hinzuzufügen. „Wer bin ich denn“, fragte Thomas Mann, „dass ich das Wort führen soll zu seinem Preis?“

Auch ich frage mich heute, rund ein halbes Jahrhundert nach Thomas Mann: Wer bin ich, dass ich im Rahmen dieser Festivität über den Mann sprechen darf, der wie wenige das geistige Europa seiner Zeit aufwühlte und mitriss, „einer ganzen Epoche Elan verlieh“, wie sein Biograph Rüdiger Safranski schrieb, und den sein großer Zeitgenosse und Freund Johann Wolfgang Goethe zwanzig Jahre nach seinem Tod in einem Gespräch mit Eckermann „stolz“, „großartig“, „kühn“, „erhaben“ nannte und drei Jahre später, 1828, über ihn sagte, er sei einer jener „wahren Menschen“ gewesen, wie „wir alle es sein sollten“?

Ich habe mir also, wie Sie sehen, für diesen Tag *nicht* vorgenommen, als Chronist Ihren Blick auf die respektable Menge der kulturellen Darbietungen zu lenken, mit denen sich dieses Haus im

Laufe von fünf Dezennien auf mehreren Ebenen unter der Leitung von fünf Direktoren und Direktorinnen verdient machte, mit der es Öffentlichkeit anzog und in die Öffentlichkeit hinein wirkte. Diese Leistung zu würdigen, übernahmen solide Kenner in einer Reihe von Texten des Sammelbandes, der zu Beginn dieses Jahres im Namen der Direktion des Schiller-Kulturhauses erschien. Der Band legt in Wort und Bild Zeugnis ab von einem Bemühen, das zu den edelsten Zielsetzungen des Menschen gehört, ja ihn erst zum Menschen macht: Träger, Bote, Repräsentant, Multiplikator all dessen zu sein, was wir Kultur nennen – jener *sinnstiftenden Qualität unserer Existenz* also, die ein Menschenleben über die Nöte des Tages hinaus zu erfüllen vermag. Und Kultur ist Erziehung.

Bevor ich mich meinem Thema zuwende, lassen Sie mich ein Lob aussprechen für die Arbeit, die mit dem Sammelband *Das „Friedrich Schiller" Kulturhaus im Wandel der Zeiten* geleistet wurde. In graphisch phantasiereicher Präsentation enthüllt er einen Querschnitt der nach Fülle und Rang mehr als respektablen Veranstaltungen, die in einem halben Jahrhundert hier durchgeführt wurden. Vom Theater bis zur Literatur, vom Konzert bis zum wissenschaftlichen Vortrag, von der Ausstellung bis zum Sprachkurs erschließt sich dem Leser die überbordende Fülle des Angebots, mit dem dies Haus das Publikum anlockte, dazu eine ebensolche Reihe von Autorennamen aller Literaturbereiche. Aber der Band ist nicht nur eine Dokumentation im Schiller-Kulturhaus erbrachter Arbeit, er ist ein Zeitdokument, weil dieses Haus *eine Diktatur überlebte und ungebrochen in eine moderne demokratische Gesellschaft hineinwuchs.*

Ich sehe meine Aufgabe darin, in den wenigen zur Verfügung stehenden Minuten zu Ihnen über das *geistige Orientierungsprogramm Schillers* zu sprechen, und zwar über jene seiner Vorstellungen von der gesellschaftlichen Relevanz des vielgesichtigen Komplexes „Kultur", die uns über das Jubiläum der Bukarester Einrichtung hinaus jenseits nationaler oder sprachlicher Zugehörigkeit als Europäer miteinander verbindet. Wie kaum noch einer der Großen der Weltliteratur machte sich Friedrich Schiller in theoretischen Texten Gedanken über einen kardinalen Aspekt unseres Kulturbegriffs, nämlich über Möglichkeiten der Erziehung des Menschen zur Kultur nicht mit starren scholastischen Systemen – die allesamt scheiterten –, sondern im Sinne einer pädagogisch anwendbaren Synthese des „Schönen und Wahren", wie er es nannte, durchaus im Sinne jener lapidaren Formulierung seines überragenden Lehrers Immanuel Kant: „Der Mensch wird durch Erziehung." Und was könnte gerade in unseren Tagen einer fast schrankenlosen Emanzipation des Menschen von brennenderer gesellschaftlicher Relevanz sein als die Frage der Erziehung?

Das ist keineswegs zeitlich so weit hergeholt, wie es im ersten Augenblick erscheinen mag. Denn vieles von *Schillers pädagogischem Programm ist im Grunde ein Kulturprogramm* und erinnert an Positionen des Bereichs Erziehung, deren wir uns nach Meinung der besten Köpfe unserer Zeit wieder bewusst werden müssen, soll der Mensch unter dem Druck weltweiter ökonomischer, kommerzieller, finanzieller und ähnlicher Kalküle, die man in einem Sammelwort auch „Politik" nennen kann, nicht um seine Substanz als Mensch gebracht werden. Kultur, wir wissen es, ist etwas anderes und mehr als Zeitvertreib, als flüchtige Unterhaltung mit Taschenspielertricks, als billiger Spaß und modische Medieninformation, als Szenerie der Illusionen zur Ablenkung von uns selbst und von den Fragen unserer täglichen Konfrontationen. *Kultur ist unser geistiger Wohnraum*, dessen Kostbarkeiten der schöpferischen Wachheit, Hingabe und Pflege bedürfen: Sie ist vor allem *Garant unserer Menschlichkeit*, sollen wir uns nicht alle in der Unverbindlichkeit verlieren.

Schillers Ideenentwurf zu dieser Frage erscheint aktueller denn je: Er sieht in der *Freiheit die erste Voraussetzung für die Kultur-*

fähigkeit des Menschen, die er als permanente und unerlässliche Herausforderung im Sinne eines Diktums seines Freundes Goethe versteht: „Nur der verdient sich Freiheit wie das Leben, der täglich sie erobern muss." Und im Zeichen der Freiheit hält er für den wirkungsvollsten Ansatz einer *Formung des Menschen zum Menschen* die Mittel ästhetischer Erziehung im weitesten Sinne des Wortes. In einer Reihe ebenso brillanter wie zwingender Schriften äußerte er sich mit einer Kompetenz dazu, die über die rund 200 Jahre seit seinem Tod am 9. Mai 1805 hinaus an Gültigkeit nichts verlor, ja, die kulturtheoretischen Äußerungen dieses Mannes behielten eine geradezu verblüffende Modernität; über die Inhalte hinaus verloren sie auch nichts von ihrer spirituellen Luzidität und Strahlkraft des Ausdrucks noch von ihrer stilistischen Eleganz und Eloquenz. Dieser ganz und gar erstaunliche Mensch namens Schiller, der mit 46 Jahren viel zu früh verstarb, ist nicht nur der weltweit nach William Shakespeare immer noch am häufigsten aufgeführte Dramatiker, er blieb bis heute auch einer der schärfsten europäischen Analytiker und Vordenker in Grundfragen des Zusammenwirkens unserer kulturellen Potenz mit unserer gesellschaftlichen Selbstreflexion. *Akzeptieren wir Kunst, Literatur, Philosophie als Direktive und Korrektiv unserer stündlich dem Sog materialistischer Kräfte ausgesetzten Existenz oder lassen wir uns von diesen Kräften bestimmen?* So lautet, in heutige Sprache übersetzt, Schillers wesentliche Frage. Eben darüber lassen Sie mich im Folgenden summarisch einiges sagen.

Doch gestatten Sie mir vorher eine anekdotische Anmerkung: Als ich im Jahr 1982 in Stuttgart – in der Stadt der frühen schulischen und akademischen Ausbildung des späteren Arztes und Historikers Friedrich Schiller, der drei Jahre vor seinem Tod, 1802, mit dem Adelstitel ausgezeichnet wurde –, als ich 1982 in Stuttgart meinen Freund Arthur Braedt, den ersten Direktor dieses Kulturhauses, fragte, wieso im Jahr 1957 im 1.500 Kilometer entfernten Bukarest die Wahl auf den Namen ausgerechnet dieses und nicht eines anderen Deutschen gefallen sei, antwortete er lachend und ohne eine Sekunde zu überlegen: „Wäre Dir ein modernerer eingefallen?" Nein, antwortete ich nach kurzem Überlegen, nein, mit Sicherheit nicht. „Schiller", fügte Braedt ernst hinzu, „ist einer jener Großen, um die selbst die Kommunisten keinen Bogen machen konnten. *Stell dir vor, was in der Diktatur aus uns geworden wäre, hätte es sie nicht gegeben! …*" Die vor fünf Jahrzehnten getroffene Entscheidung für den Namen Schiller bei der Taufe dieses Hauses in der Strada Batiştei in einem der ältesten Viertel der rumänischen Hauptstadt war sogar, wie sich im Rückblick erweist, von geradezu stupender Richtigkeit. Denn uns alle meinte Schiller, als er seine Fragen zur *ununterbrochen erforderlichen Erziehung des Menschen* als die Grundfrage humaner Kultur stellte und seine Gedanken dazu niederschrieb.

Welches waren Schillers Fragen und Antworten?

In der Schule des Historikers zur „Härte im Beobachten erzogen" – notierte einer seiner Biographen – und als Autor zum Beispiel der szenischen Schilderung eines Militärlagers in Kriegszeiten von den kolossalen Ausmaßen der Wallenstein-Trilogie als „kühler Realist" ausgewiesen, wie der Literaturhistoriker Hellmuth Karasek feststellte, sollte sich zunächst jeder davor hüten, den philosophischen Idealisten Friedrich Schiller für realitätsfern oder gar -fremd zu halten. Idealismus als Philosophie besagt nicht mehr und nicht weniger als *die Priorität der Idee in der Betrachtung der Welt.* Der Idealist Schiller erweist sich beim Studium seiner theoretischen Texte als ein logisch vorgehender Sezierer, als eine bis ins Detail unbestechliche Intelligenz mit realistischem Sinn und, wie Thomas Mann sagte, als eine „kulturpolitisch diplomatisierende Willenskraft" im berechnenden Aufbau seiner Ausführungen. Wenn sich nun diese Intelligenz zum Beispiel in den 1793–1795 erschienenen Briefen *Über die ästhetische Erziehung des Menschen* oder im umfangreichen Essay von 1793 *Über Anmut und Würde* zur Frage der Erziehbarkeit, ja sogar der *Erziehungsnotwendigkeit mit den Mitteln der Kunst* äußert, haben wir es nicht mit den Gedankenspielen eines Illusionisten zu tun, der sich in pädagogischen Idyllen gefällt. Nein, wir sehen uns einer intellektuellen Omnipotenz gegenüber, die die Dinge bis zu ihrem Ende durchdachte und mit Röntgenblick einen anderen Weg als den von ihr aufgezeigten ausschließt. „Intelligenz", sagte der König Preußens Friedrich der Große, „ist die Fähigkeit, Realitäten wahrzunehmen." Schiller war eine solche Intelligenz.

Für mich persönlich, den Autor sowohl erzählerischer als auch essayistischer und wissenschaftlicher Texte, ist vor allem eine Schrift Schillers immer von Neuem der Beweis dieses unbeirrbar auf das Reale gerichteten Blicks. Ich meine die 1795 in der Zeitschrift „Die Horen" in Tübingen veröffentlichte Abhandlung mit dem heute leicht missverständlichen Titel *Über naive und sentimentalische Dichtung.* Niemand vor und niemand nach Friedrich Schiller hat die beiden Grundtypen des Schriftstellers so klar erkannt und definiert wie er: Er meinte den intuitiven Typus auf der einen, den spekulativen Typus auf der anderen Seite, den aus dem Gefühl schreibenden hier, den kalkulierenden dort. Natürlich sind Misch- und Übergangstypen die Regel, und natürlich sind von der neueren Psychologie und Charakterologie, wie Klages, Freud, Kretschmer, Jung oder Jaentsch sie entwarfen, sind erst recht von den Psychologen unserer Tage Ergänzungen oder Präzisierungen vorgenommen worden. Doch das bis heute bei der Erörterung dieses Problems gültige Grundgerüst stammt vom fünfunddreißigjährigen Schiller.

Warum sollte nun, frage ich mich, ein im Erkennen der Feinheiten dieser Materie so sicherer Geist sich irren, wenn er in der profund kulturellen Frage der Erziehung des Menschen: in der Frage also der *Prämisse aller Kultur,* von der Forderung nach Anwendung vor allem ästhetischer Mittel spricht? Lassen Sie mich das erklären:

Schiller kannte, wie er sagt, „die Drangsale der Kultur", das heißt, den Konflikt des Menschen zwischen den Brutalitäten der gesellschaftlich-ökonomischen Realität und dem geistigen Leitbild, ohne das keine Gesellschaft überlebt; aber ebenso das Spannungsfeld zwischen Trieb und Vernunft, Irrationalität und Rationalität, zwischen Emotion und Idee. Ist denn all dies in unseren Tagen anders als zu Friedlich Schillers Lebzeiten? Und wenn er dann in den Briefen *Über die ästhetische Erziehung des Menschen* die „Kunst eine Tochter der Freiheit" nennt und daran die Feststellung knüpft, dass „Menschlichkeit und Duldung" à la longue allein auf dem Wege der ästhetischen Einwirkung auf den Menschen zu erreichen und sie auch realiter die einzigen Mittel sind, uns vor barbarischen Zuständen in unserer Gesellschaft zu bewahren, dann weiß er auch privat sehr wohl, wovon er spricht. Denn er war einerseits der Zögling einer rücksichtslosen Erziehung auf der Kadetten- und Offiziersschule des württembergischen Herzogs Karl Eugen und erfuhr so an sich selber die zur Rohheit pervertierte Pädagogik. Er war auf der anderen Seite ein Kind der Ideen der Französischen Revolution – deren Wortführer ihn mit der Unterschrift Georges Jaques Dantons zum Ehrenbürger Frankreichs ernannt hatten – und vor allem ein Schüler Kants, der achtzigjährig nur ein Jahr früher als Schiller starb, und damit des freiheitlichen Denkens. Er hatte sich mit der Abfassung einer glänzend geschriebenen, 1791 bis 1793 veröffentlichten *Geschichte des dreißigjährigen Krieges* und davor, 1788, mit der *Geschichte des Abfalls der Niederlande von der spanischen Regierung* Zeugnisse einer analytischen Bravour ausgestellt, die der Historiker Golo Mann noch im Ausgang des 20. Jahrhunderts als *Paradebeispiel geistiger Präsenz in der Nachzeichnung historischer Abläufe* bewunderte.

Und er war auch – was hier nicht unerwähnt bleiben soll – eben dank dieser für jeden spürbaren geistigen Präsenz nicht zuletzt immer wieder ohne es zu erzwingen der *Mittelpunkt der illustren*

Weimarer Gesellschaft – er sei ein ebenso „strahlender wie mitreißender Beglückergeist“ gewesen, notierte der Schiller-Bewunderer par excellence Thomas Mann. Halten wir uns kurz vor Augen, wer zu dieser Gesellschaft gehörte: Goethe kam zu den geselligen Treffen bei einer Tasse Tee, Alexander und Wilhelm von Humboldt, häufig Fichte, die beiden Brüder Schlegel, aber auch Hegel und Tieck, Herder – „in ihrer Mitte Schiller“, heißt es bei Safranski. Der rumänische Philosoph Constantin Noica – ein exzellenter Kenner der deutschen Geistesgeschichte – nannte in den vorzüglichen Aufzeichnungen Gabriel Liiceanus über die Gespräche in den „Păltiniş“-Wäldern bei Hermannstadt diese Ansammlung europäischer Geistesgrößen der ersten Garnitur staunend „eine Republik der Genies“, wie es sie kein zweites Mal gab, es sei denn, man zöge zum Vergleich die griechische Antike in ihrer Blütezeit heran. Es waren in der Tat Köpfe, die rings um den Globus die geistige Welt ihrer Zeit und darüber hinaus beschäftigten und noch beschäftigen.

Schiller fügte dem Kant'schen Axiom: „Der Mensch wird durch Erziehung“ sein „Der Mensch wird durch ästhetische Erziehung“ erweiternd wie konkretisierend hinzu. Er tat es – so Thomas Mann – im Zeichen eines „mit enormem Scharfsinn ausgestatteten Ernstes“ und verschmolz „Schönheit und Wahrheit der Kunst zur Erzieherin des Menschengeschlechts“. Die Natur, so Schiller, ist an sich machtvoll genug, um sich zu behaupten. „Sie braucht keinen Beistand“, stellte der schon genannte Rüdiger Safranski 2004 in seinem großen Werk über Friedrich Schiller fest und fuhr fort: „Beistehen sollte man aber den bedrohten Rechten des Geistes und so die Macht der Freiheit sichern.“

Dies ist eine Schlüsselfeststellung bei der Betrachtung Schillers insgesamt: Die Natur hilft sich so oder so von selbst, war seine Ansicht, auch die Natur im Menschen. Der Geist hingegen, der Gedanke, *das Ideenprogramm bedarf unseres unentwegten moralischen Einsatzes.* Schiller hatte, so Safranski an anderer Stelle, „den Skandal der Sinnlosigkeit und Ungerechtigkeit einer Natur" entdeckt, „die den einen bevorzugt, den anderen benachteiligt". Die Konsequenz aus dieser Einsicht bestimmte Schillers Leben und Werk: Die Arbeitsdisziplin des längst Todkranken stand ebenso wie seine Haltung bei öffentlichen Auftritten in der Gesellschaft Weimars im Zeichen des ideellen Anspruchs. Unübersehbar auch die Ideenorientierung seiner Bühnendramen, die zum Teil zu Erfolgen mit Einmaligkeitscharakter in Europa wurden. Denken wir nur an die Erstaufführung der Tragödie *Die Räuber* 1782 in Mannheim – Schiller war 23 Jahre –, die sich zum öffentlichen Aufruhr außer sich geratener Menschen auswuchs. Ideenprogramme bestimmen *Kabale und Liebe*, *Maria Stuart*, *Wilhelm Tell* usw. bis hin zum gigantischen Torso *Demetrius*: Alle sind sie Belege eines Lebens- und Weltverständnisses, das *im Namen der Humanitas von der Priorität der Freiheitsidee ausgeht, von der Kultur als einem Kind der Ratio*, was bei Schiller soviel heißt wie: der Freiheit.

Nicht anders ging Schiller bei seinen Überlegungen und publizistischen Äußerungen über die Ästhetik als Erziehungsangebot vor. Das nicht etwa, um einen dem Ästhetischen als Lebensinhaltung und Lebenshaltung zugewandten Menschen zu formen, vielleicht gar einen Ästheten. Durchaus nicht! Sondern um mit den pädagogischen Techniken, die die musischen Fächer zur Verfügung stellen, auf *jeden* Menschen zum Zweck seiner Humanisierung einzuwirken. Der Gedanke war schon zu Schillers Lebzeiten nicht neu, *unter Einwirkung der Kunst das Ungezähmte, das Grobe, das Rohe in der Kreatur Mensch zu bändigen*. Erinnern Sie sich, bitte, etwa an die in der Bibel aufgezeichnete Legende aus der Zeit des chaldäischen Königs Nebukadnezar II. um 600, beziehungsweise 500 vor Christus von dem in die Löwengrube geworfenen Daniel, der die Raubtiere mit dem Spiel seiner Flöte besänftigte und zähmte. In nuce haben wir in dieser Legende die rund 2500 Jahre später von Schiller methodisch dargelegte Erkenntnis eines bis heute faszinierenden Konzeptes zur Humanisierbarkeit alles Wilden in der Kreatur. Sind wir heute, in der Zeit der Globalisierung auch von Gewalt und Rücksichtslosigkeit, Zynismus und Schamlosigkeit nicht dringender denn je eben auf dies Langzeitkonzept angewiesen? Haben wir nicht die Erfahrung einer von Diktaturen vorgeschriebenen Pädagogik gerade hinter uns, nicht anders als die fehlgeschlagene Pädagogik der Antiautorität danach, die ja nichts weiter bewirkte als die Evozierung einer anderen Form von Diktatur? Haben wir nicht mehr denn je Anlass, über weiterreichende erzieherische Systeme nachzudenken als die bisher praktizierten? Natürlich ist das kein Vorgang von heute auf morgen, wusste Schiller. „In Fragen der Erziehung steht jede Generation am Neubeginn", sagte der an der Justus-Liebig-Universität in Gießen zu europäischem Ansehen gekommene Erziehungswissenschaftler Hans Mieskes. Der *pädagogische Gedanke als Basis jeder Kultur,* so meinte Schiller, ist nicht lediglich eine Frage des Kindesalters, nein, soll Erziehung zum Kulturverhalten werden, muss sie den Menschen ein Leben lang begleiten – ihre Prinzipien sind Kontrolle und Korrektiv, Sublimierung und permanente Regenerierung wie Dynamisierung unserer geistigen und moralischen Potenziale.

Wünscht sich nicht jeder Mensch – der eine bewusst, der andere unbewusst – eben dies? Dass etwas in uns besser und reiner bleibe nach dem Anhören einer Symphonie Mozarts, dem Lesen eines Textes von Pascal, dem Betrachten eines Bildes von Renoir oder einer Architektur von Palladio? Wünschen wir uns nicht – offen oder insgeheim –, dass der Mensch ein Konzert, eine Kunstgalerie oder einen Lesesaal friedensbereiter, reifer und gütiger verlässt als beim Betreten? Dass *die Ausstrahlung der Kunst uns selber in unseren inneren Bedrängnissen und Fragen läutert,* harmonisiert?

Nun, gerade dies meinte Friedlich Schiller, als er von der Erziehung des Menschen durch Ästhetik sprach. Haben die Pädagogen seit Sokrates und Platon, seit Rousseau und Pestalozzi etwas anderes gewollt und gewünscht? Keiner von ihnen legte freilich so wie Schiller das Gewicht auf den *Komplex des Ästhetischen als Ansatzmöglichkeit der höheren Erziehung zur Kultur.* Fiel den Pädagogen unserer Epoche Besseres ein?

Im Zentrum der Überlegungen Schillers stand in diesem Zusammenhang der Gedanke der Kongruenz von Schönheit und Wahrheit – sie wäre, schrieb er, der Idealfall. Auch dies ein uralter Gedanke, den wir in der „Kalokagathia“ des antiken Griechentums antreffen und der die Gleichzeitigkeit von schön und gut noch bei Platon meinte: das Ideal des Menschen von edler Gesinnung. Schiller war zutiefst Moralist. Der Begriff „das Wahre“ umfasste für ihn daher mehr als der Begriff „das Gute“ – er schloss dieses ein, meinte also die komplexere Konfiguration, über die er sich in den 27, zum Teil umfangreichen sei es an den Herzog von Augustenburg, sei es an den um drei Jahre älteren Christian Gottfried Körner gerichteten Briefen *Über die ästhetische Erziehung des Menschen* weit ausholend äußerte.

Wie modern sind doch die grundlegenden Gedanken dieser Briefe! Schiller spricht darin von Verwilderung und Erschlaffung als primären Gefahren menschlicher Existenz, werde diesen nicht Tag für Tag erzieherisch entgegengearbeitet. Er spricht sogar – man höre und staune als Zeuge der Arbeitstechnologien im Industriezeitalter! – von der Gefahr seelischer Verkrüppelung des Menschen infolge arbeitsteiliger, das heißt spezialisierter Beschäftigung, einseitiger Mechanisierung, er spricht von der Verengung des Gefühls und des in leblose Abstraktion und Zynismus hineingetriebenen Menschen, der keine Verantwortung mehr für das Ganze empfindet. Er stellt diesem Prozess die Forderung des Respektes vor der *Totalität des Menschen* entgegen, in dem Natur und Vernunft, genetische Anlage und Lebensidee in Einklang zu bringen sind. Den Weg aber zur Herstellung dieses Einklangs, dieser Übereinstimmung oft konträrer, sich bekämpfender menschlicher Charakter- und Wesensseiten sieht er, damit daraus Kultur werde, nach Abwägung aller erdenklichen Pro und Contra nur in den Möglichkeiten, die uns die Kunst an die Hand gibt – und als deren Initialkraft erkannte er den *Spieltrieb im Menschen.* So kam er zum berühmtesten Satz seines Erziehungskonzeptes: „Der Mensch ist nur dort ganz Mensch, wo er spielt." Und daran knüpft Schiller – an anderer Stelle – eine nächste entscheidende Erkenntnis: dass nämlich der Mensch allein durch die ästhetische Bildung „zur Freyheit wandert." Ist ein solcher Erziehungsplan nicht die reine Utopie?, kann man selbstverständlich fragen. Doch die Gegenfrage müsste lauten: Erwiesen sich nicht alle Erziehungspläne des 20. Jahrhunderts als fatale Utopien – über die kein geringerer als der US-amerikanische Literaturhistoriker von Weltruhm Harold Bloom zu Beginn dieses Jahrtausends in einem Interview ein verheerendes Urteil fällte?

Sicherlich: Herausgelöst aus dem virtuos vorgetragenen Text der Briefe über die Erziehung des Menschen unter Verwendung ästhetischer Instrumentarien wirkt der Satz lediglich aphoristisch verblüffend. Doch im Kontext der strengen Logik der ganzen Darlegung gelesen, erscheint er als selbstverständliche Conclusio. Denn zum Spiel gehören Disziplin, Selbstbeherrschung, Gruppengeist, Reaktionsschnelligkeit, schöpferischer Ideenreichtum, Einsatzfreude, Mut und Augenmaß. Nicht zuletzt Selbsterkenntnis. „Man sagt", hatte Goethe 1783 geschrieben, „man könne den Menschen beim Spiel am besten kennenlernen, seine Leidenschaften zeigten sich da offen und wie in einem Spiegel." Vor allem aber: *Das Spiel bewahrt vor jeglicher Ideologie* und daher vor jedem Radikalismus. Denn das Spiel ist seinem Wesen nach nicht ideologisierbar. Es ist aus diesem Grund der Ausdruck jener Freiheit, die sich durch die Beachtung der Regel zugleich das Zeugnis der höchsten Verantwortungsbereitschaft ausstellt …

Eine substantielle Frage drängt sich Kritikern bei der Beschäftigung mit Schillers Erziehungsvision auf: Fehlt ihr im Sinne modernster philosophischer Erkenntnis, die sich von den Positionen des 19. Jahrhunderts abwendete, der Gottesbezug? Als die Europäer begannen, „anstatt Kathedralen Opernhäuser zu bauen", heißt es bei ihnen, warfen sie ein Jahrtausend unbeirrbarer innerer Sicherheit über Bord. Für den bedeutendsten Kopf der Aufklärung, Kant, gab es keinen Gegensatz zwischen Religion und Denken; seine Kritik galt der Institution Kirche. Begann nicht mit der Aufspaltung zwischen Wissenschaft und Glauben, wie das 19. Jahrhundert sie vorantrieb, eine Loslösung von letzten Verbindlichkeiten, ohne die auf Dauer in einer Gesellschaft alles relativierbar wird?

Dennoch: Sooft ich Schillers kulturprogrammatische und -politische Texte las, habe ich mir gewünscht, es möchte sich ein sprachlich genial begabter essayistischer Autor unserer Epoche finden, der es wagte, Schillers Gedanken ohne jede inhaltliche Veränderung in den Jargon unserer heutigen Gesellschaft zu übertragen – und ohne ihm auch nur etwas vom Glanz des Originals zu nehmen. Ich habe mir dies in Augenblicken gewünscht, in denen ich verzweifelte über die immer größer werdende Unfähigkeit des sogenannten „modernen" Menschen, sich mit bedeutender Kunst, mit großer Literatur und Sprache von ehemals zurecht zu finden und damit die historischen Grundlagen unseres europäischen Kulturverständnisses als verbindlich, als unverzichtbar zu begreifen. Verzweifelt über die geistige und seelische Verflachung, die sich in unseren Tagen degenerierter Mediensprache breit macht, ohne dass den meisten bewusst wird, was sie leichtfertig preisgeben: Sie geben sich selber preis – den europäischen Kulturboden, in dem sie wurzeln und dem sie ihr Bestes *einschließlich ihrer gesellschaftlichen Heimat* verdanken, dazu die geistige Spannweite und Qualität der Möglichkeiten, wie sie von bedeutenden Menschen zurückliegender Generationen für uns Heutige erarbeitet wurden. Sie geben preis den *Begriff der Kultur als einer Aufgabe, die uns täglich aufs Neue gestellt ist.* Sind wir Europäer schon soweit gekommen, dass wir uns als unfähig erweisen, vor etwa 200 Jahren niedergeschriebene Gedanken eines außerordentlichen Europäers bloß deshalb nicht zu begreifen, weil er sich, p. p., einer ungleich kultivierteren Sprache bediente als wir Heutigen? *Beginnt denn unsere Kulturgeschichte mit uns? Gott sei davor!* Der Maßstab, der da gelegentlich angelegt wird, ist bedenklich.

Diese ernüchternde Erkenntnis im Blick auf unser Kulturbewusstsein soll uns jedoch, die wir uns hier unter dem souveränen Patronat Friedrich Schillers zusammenfanden, in dieser Stunde nicht betrüben. Denn wir wollen nicht aufhören, zu der immer schon kleinen Gemeinde jener Menschen zu gehören, die in Schillers Sinne ans Schöne, Gute und Wahre glauben. In diesem Sinne wünsche ich der Bukarester Niederlassung mit dem großen Namen und dem Land, in dem es diese erstaunliche Niederlassung seit 50 Jahren durch alle Epochenturbulenzen hindurch gibt, für heute und für die Zukunft von Herzen das Beste und danke Ihnen für Ihre Geduld und Aufmerksamkeit.

Festvortrag zum 50. Jahrestag
des „Deutschen Kulturhauses Friedrich Schiller“,
Bukarest, Juni 2006

Hinter den Kulissen des Schreibens

Zur Genesis des Romans *Die Wiederkehr der Wölfe*

Die Leitung dieses ehrenwerten Hauses hat mir die Aufgabe zugedacht, Ihnen während der nächsten Stunde den soeben erschienenen Roman *Die Wiederkehr der Wölfe* vorzustellen. Bei einer Suche nach der geeigneten Person für dies Unterfangen ließ sie sich, so vermute ich, vom Gedanken leiten, den bisher besten Kenner der Materie zu gewinnen. Ihre Wahl fiel auf mich, da sie damit keinen Fehlgriff riskiert, weil ich der Autor des Romans bin. Ich danke für das Vertrauen, ich werde mich bemühen es zu rechtfertigen. So ungewohnt das Ansinnen erscheint, das eigene Buch zu präsentieren, so sehr reizt mich das Unkonventionelle daran – ich sage mit Ullrich von Hutten: Ich hab's gewagt!, und werde nun zusehen, wie ich den Kopf aus der Schlinge ziehe. Da ich eine Inhaltsangabe für zu einfach halte, ließ ich mich bei der Abwägung einiger Gedanken für diesen Abend vom Einfall verlocken, Ihnen nicht im üblichen Sinne ein Buch zu präsentieren, sondern Sie einzuladen, mit mir einen Blick hinter die Kulissen des Schreibens zu werfen: Wie entsteht ein Roman?

Lassen Sie mich mit der Mitteilung beginnen, dass es acht Jahre bedurfte, um die 686 gedruckt vorliegenden Seiten zu füllen, dass ich in den acht Jahren ungefähr zwanzig Mal soviel Seiten schrieb, aus denen ich dann die nun gedruckten filterte, dass ich während der Niederschrift ebenfalls ungefähr zwanzigmal am Aufgeben war, wenn auch in meinem tiefsten Inneren entgegen aller Verzagtheiten entschlossen, mich trotz der Schreib- und sonstigen Krisen durch den Riesenstoff, der mir vorschwebte, die Kriegsjahre 1939–45, hindurch zu beißen, bis ich ihm Architektur, Sprachgestalt, epische Atmosphäre nach meiner Vorstellung gegeben hatte. An meinen Freund Manfred Winkler, den in den westjüdäischen Bergen lebenden hebräisch-deutschen Dichter, Bildhauer und Übersetzer, der mich in all den Jahren drängte, antrieb, tadelte, ermutigte, mich alttestamentarisch hartnäckig mit Fragen und Hinweisen anspornte, schrieb ich nach Abschluß der Arbeit in einem vor kurzem von Dr. Georg Guţu in einem germanistischen Periodikum in Bukarest veröffentlichten Brief die Sätze: „Die acht Jahre liegen hinter mir wie die Durchsteigung eines unbekannten Bergmassivs, in dem sich Schluchten mit Gipfeln, Gratwanderungen mit Irrwegen, dunkelste Nächte mit Gewittern, Hitze und Frost abwechselten. Manchmal meinte ich, nicht weiterzukönnen (...) Doch beherrscht mich jetzt das sicherer Gefühl, das Wagnis gemeistert zu haben." Es gibt Beispiele längerer Arbeitsdauer, halte ich mir Robert Musils fast zwei Jahrzehnte langes Bemühen um den Roman *Der Mann ohne Eigenschaften* vor Augen. Goethe gar, der Unvergleichliche, verwendete rund sechzig Jahre an die *Faust*-Dichtung.

Den Brief an Manfred Winkler schrieb ich nach Durchsicht der letzten Seiten, auf denen zu lesen ist, dass Peter Hennerth, die Hauptfigur des Romans und dessen Erzähler, an einem Januarmorgen des Jahres '45 bei 30 Minusgraden auf einem Felskamm der Südkarpaten steht und über die verschneiten und vereisten Abstürze ins Hochland hinab blickt, wo in der vergangenen Nacht die Zwangsdeportationen der Deutschen *ostwärts* in die UdSSR begannen – zur selben Zeit also, als das apokalyptische Karussell der Geschichte jener Jahre im Norden Deutschlands die Flüchtlingsströme in die andere, in die *westliche* Richtung trieb. Während der acht Arbeitsjahre zwischen 1996–2004 setzten mich der Tod meines jüngeren Bruders, meiner Mutter, meiner zwei besten Freunde, dazu lange, schwere Krankheit zeitweise außerstande, zu schreiben. Die Verluste und Gefährdungen mahnten mich aber auch, trotz allem zu schreiben. Ich tat es oft in einem Zustand selbstzerstörerischer Lust an der Intensität der Konzentration und an der Maßlosigkeit der Arbeitsquantitäten.

Während der Niederschrift dieses Buches verfaßte ich – sooft ich ins Stocken geriet und Abstand vom Stoff und von mir gewinnen musste – drei weitere Bücher. Eines davon erwähne ich: Es ist das Buch über meinen Bruder Erich, einen ehemals weltweit begehrten Dirigenten und durch seine Bach-Forschung zu Ansehen gekommenen Musikwissenschaftler, das zu Beginn dieses Jahres erschien. Aus gleichem Grund machte ich wiederholte ausgedehnte Reisen durch Südwestafrika, Israel, Kanada, Italien, dazu Reisen mit Vorträgen und Literaturlesungen in Universitäten und Kulturinstituten Österreichs, Rumäniens, der Schweiz, Deutschlands, Israels. Ich widmete mich außerdem der Niederschrift von 1.000 Seiten Reisenotizen, von denen ich bruchstückweise einiges veröffentlichte, dazu eine Vielzahl essayistischer Arbeiten, und ich befasste mich ein halbes Jahr mit dem Studium der Geschichte Spaniens zur Zeit seiner Erhebung gegen Napoleon 1808, was zu einem der wichtigsten der achtzehn Romankapitel führte, zu einem Roman im Roman. Freunde rügten mich, ich ließe mich ablenken, ich verzettele mich. Ihnen sage ich heute: Es stimmt, doch es gab Zeiten, in denen ich mich ablenken lassen mußte.

Es sind nicht allein von außen auf einen Schriftsteller einwirkende Störungen, die zu Irritationen oder Krisen führen. Es sind noch mehr die aus dem Schreiben selber erwachsenden. Im Fall dieses Romans wurde bei mir die erste nach etwa 200 Seiten ausgelöst: Ich erschrak beim Gedanken, mir die Bewältigung einer zu großen Stoffmasse zugemutet, in der Exposition zu weit ausgeholt zu haben, der Versuchung erlegen zu sein, mich auf allzu viele Handlungsstränge einzulassen und die Kontrolle über sie zu verlieren. Zudem wuchs die Befürchtung, bei der Formulierung der unumgänglichen Auseinandersetzung mit den epochenspezifischen

Ideen der Jahre 1933 bis 1945 den in der Literatur bis zum Überdruß verwendeten Klischees zu verfallen – denn was, wurde mir plötzlich bewusst, was kann im Disput über den Nationalsozialismus an Neuem, an Mitteilenswertem noch vorgebracht werden? Was mir aber aus den genannten Verunsicherungen heraushalf, war nicht zuletzt immer wieder die Besinnung auf das Schreiben als Handwerk, von dem aus sich der Fluß jenes Erzählens finden lässt, in dem die Sprache den Erzähler emotional und gedanklich trägt. Gabriel García Márquez, den ich für den stärksten, den sichersten Erzähler meiner Generation halte, nennt das den Rückgriff auf den Ton der Reportage. Ich war zu lange Journalist, um Márquez' Anmerkung in seiner Autobiographie von 2002 *Leben, um davon zu erzählen*, nicht sofort zu verstehen. Natürlich hatte ich mich dieses Mittels schon vor der Lektüre des Kolumbianers bedient, doch fand ich bei ihm die bündige Formulierung des Verfahrens. Ich versuche, es zu erklären:

Journalistisches Schreiben ist Handwerk im Unterschied zum belletristischen Schreiben. Es ist durch jahrelanges Training erlernbar. Es steht dem guten Journalisten jederzeit so zur Verfügung, dass er sich unabhängig von der Tagesdisposition seiner bedienen kann wie eines zuverlässigen Gerätes – egal, ob es über ein tagespolitisches oder ein kulturwissenschaftliches Thema zu schreiben gilt. Das Geheimnis liegt in der Konzentration auf das strikt Sachliche des Gegenstandes und in der Disziplin, den Blick ausschließlich auf die Fakten zu richten, deren sich der Schreibende sicher ist. Der Könner wird sich weder zu gewagten Spekulationen noch zu Schlußfolgerungen verführen lassen. Den hieraus resultierenden Schreibstil verlässlicher Sachlichkeit meinte Márquez, als er vom Reportageton sprach. Von ihm aus als einer sicheren Basis kann der Erzähler dann gewissermaßen wieder den Absprung in die Dimension des literarischen, sogar des dichterischen Schreibens finden. Hemingway berichtet im gleichen Sinn von der harten Schule jahrelang geübten Journalismus', die ihm beim Erzählen beste Dienste geleistet habe – er war wie Márquez viele Jahre hindurch Journalist, und einer Sammlung von Zeitungstexten beider lässt sich entnehmen, wie sie das Handwerk im Laufe der Zeit erlernten. Der Stil nun des guten Erzählens, wie ich ihn verstehe, mischt Sachlichkeit mit poetischer Vibration zur Synthese des inspirierten Schreibens – und so gibt denn auch der Stil, nicht der Inhalt, Auskunft über das Format des Autors. In der gesamten Weltliteratur scheint mir Heinrich von Kleist derjenige zu sein, der diese Synthese aus unbeirrbar sachlichem und sicherem poetischen Ton am souveränsten beherrschte. Seine Erzählungen beginnen immer im Stil glänzender journalistischer Formulierung und setzten danach unmittelbar auf der Ebene jener inneren Spannung der Sprachgeste fort, die ihn unverkennbar macht. Man denke etwa an die berühmte Exposition der 1808 veröffentlichten Novelle *Michael Kohlhaas*.

Was will der Roman *Die Wiederkehr der Wölfe*? Zu Beginn der 1990er Jahre schrieb ich den 1996 veröffentlichten Roman *Wenn die Adler kommen*. Der Titel beider Romane ist sowohl mittel- als auch unmittelbar zu verstehen – beide Romantitel meinen Bild und Sinnbild. Die Adler sind die im Hochgebirge über der abgestürzten Schafherde kreisenden Steinadler und zugleich die Adler als Hoheitszeichen auf den Waffenröcken der deutschen Truppen, die zu Beginn der 1940er Jahre überall hin kamen. Der Titel *Wenn die Adler kommen* meint also *auch ihre* Ankunft. *Wenn die Adler kommen* ist – was der Literaturwissenschaftler Peter Motzan richtig verstand – lediglich „die Ouvertüre" des Romans *Die Wiederkehr der Wölfe*, er behandelt aus der Sicht südosteuropäischer Befindlichkeiten gesamteuropäische Ereignisaspekte des 20. Jahrhunderts *vor* dem Ausbruch des II. Weltkriegs 1939. Aus gleicher Sicht erzählt der Roman *Die Wiederkehr der Wölfe* die Jahre des II. Weltkriegs bis zu dessen Ende 1945. Auch die Wölfe sind Bild und Sinnbild zugleich: Gierig gemacht durch Hunger und verwehrte natürliche Beute, tauchen sie als Romanfiguren im 19. Jahrhundert in den Pyrenäen und im 20. Jahrhundert in den Südkarpaten auf. Sie dienen als Metapher für die Wiederkehr von Aggressivität und Gewalt. Schon von den Sinnbildern her verstehen sich beide Romane als europäische, erst in zweiter Linie als südeuropäische oder transsilvanische Epen. Wer meine Schriften auch nur halbwegs kennt, der weiß, dass mir der südöstliche und speziell der transsilvanische Raum immer allein als Teil einer umfassenderen Geistes- und Kulturdimension diskutabel erscheint, als Objekt provinzieller oder regionaler Relevanz niemals. Auch mit *Die Wiederkehr der Wölfe* schrieb ich daher einen Roman kontinentaler Vorgänge aus südosteuropäischer Sicht – und machte dabei die verblüffende Beobachtung, dass sich aus dieser Sicht manche Facette der Kriegsjahre anders darstellt, als es z. B. die zentraleuropäische Geschichtsschreibung oder -beschreibung mit ihrem Bestand an verbrieften, oft ideologisierten, d. h. befangenen Klischees vermittelt.

Lassen Sie mich, davon abgesehen, zur Erläuterung einiges anführen:

Ein Roman wird durch die Geographie seiner Handlungsorte nur vordergründig zum Roman der geschilderten Geographie. Cervantes' *Don Quichote* ist lediglich vordergründig ein spanischer, Tolstois *Anna Karenina* ein russischer, Hamsuns *Segen der Erde* ein norwegischer Roman. Sie alle sind von menschlicher Existenz handelnde große Erzählungen des Erlebens und Erleidens, der Not, der Freude, der Hoffnungen und der Träume. Die Geographie gibt all dem den lokalen Akzent, das lokale Kolorit, kurz: die regionale Benennbar- und Erkennbarkeit. Der gut geschriebene Roman wird beides zugleich sein: geographisch-regionale Dimension, in der die Gestalten dem Leser anschaulich werden, und menschlich-globale Dimension, in der sie dem Leser erfühlbar werden. Die junge Dshamilja in Tschingis Aitmatows gleichnamiger Erzählung von 1962 ist natürlich eine Kirgisin. Sie ist aber gleichzeitig die auf der ganzen Erdkugel denkbare Liebende – und daher ist Aitmatows Geschichte über sie nicht nur ein Text von kirgisischer Geographie und Erheblichkeit, sondern, um Goethe zu bemühen, von „allgemein menschlicher".

Lassen Sie mich meine Romane *Wenn die Adler kommen* und *Die Wiederkehr der Wölfe* in diesem Sinne wohl vordergründig als südosteuropäische, als transsilvanische oder siebenbürgische, nach inhaltlicher Spannweite und geistiger Orientierung aber als europäische Romane bezeichnen – als Epen, die von Europa handeln. Der Mitteilung, dass der geplante dritte Roman unter gleichem Vorzeichen gedacht ist, schließe ich sogleich die Bemerkung an, dass ich mir des Größenwahns durchaus bewusst bin, das Europa des 20. Jahrhunderts bis zum Ende 1989/90 in einer Folge dreier selbständiger Romane darstellen zu wollen – im Sinne einer Äußerung des 1961 verstorbenen Leonhart Frank, des Autors der Thomas Mann gewidmeten *Deutschen Novelle*: dass er nämlich, ohne vorübergehend größenwahnsinnig gewesen zu sein, keinen seiner Romane hätte schreiben können. Weil jeder Roman, der mehr beabsichtigt als Kolportage, ein Stück Welt erfassen will – und wer kann das schon?

Peter Hennerth – im Roman *Wenn die Adler kommen* ein Kind – erzählt in Die *Wiederkehr der Wölfe* die Vorgänge von 1939 bis 1945 teils als Halbwüchsiger, teils im Rückblick als meditierender, reifer Mann, d. h. gleichzeitig aus unmittelbarem Erleben und Jahrzehnte später anhand mühsam gesammelter Zeitzeugnisse, was ja bereits für den Roman *Wenn die Adler kommen* galt. Er erzählt also von zwei Ebenen aus *eine* Geschichte. Die Stoffmasse, ihre Vielschichtigkeit, die unterschiedlichen Perspektiven und Erinnerungswarten, um die es mir gehen mußte, schienen mir in ihrer überquellenden Menge mit Hilfe dieses zweifachen Zugriffs am ehesten fassbar zu sein. Hören Sie zu dem Problem, das sich mir beim Projekt *Die Wiederkehr der Wölfe* in erster Linie stellte und mich zum Verfahren des doppelten Zugriffs veranlasste, einige Stichworte: Die mehrschichtige Handlung musste als – wenn Sie wollen – aristotelische Einheit ebenso gewahrt werden wie die wechselnde Geographie quasi als Einheit des Ortes, sollte das Romanganze nicht zu mehr oder weniger unterhaltsamen Episödchen und Anekdötchen auseinander fallen. Paris, Odessa, Berlin, Bukarest, Kronstadt, Toledo, Moskau, Venedig, London, dazu die Süd- und Ostkarpaten, die Pyrenäen, das Roussilon, die Donau, Kastilien, das Piemont hatten sich daher im Sinne der epischen Vernetzung ebenso ineinander zu fügen wie die Deutschen, Spanier, Franzosen, Juden, Zigeuner, Rumänen, Russen, Armenier, Ungarn mit ihren ethnospezifischen Charakteristika. Sie alle, Orte wie Menschen, mussten sich weiter um die Familie des Schulrates Rick Hennerth gruppieren und sich vor allem in der einen oder anderen Weise zwingend auf den Protagonisten Peter Hennerth beziehen. Gleichzeitig hatten die wechselnden Bilder des Kriegsverlaufs und die dominanten Zeitideen des Nationalsozialismus und des Kommunismus mit der Erlebnissicht des halbwüchsigen und zugleich mit der Beurteilungsreife des erwachsenen Peter um der Erzählkomplexität willen gegenwärtig zu sein. – Dies waren, kurz gefaßt, die Konstruktionsprobleme der Romanarchitektur.

Ich legte mir während der achtjährigen Niederschrift eine 141 Buchtitel zählende Arbeitsbibliothek von Fachwerken unterschiedlichster Bereiche zu, anhand welcher ich mich über Ereignisse, Hintergründe und Personen der Zeitgeschichte und deren Umfeld, aber auch über regionale Flora und Fauna informierte. Bei der dezidiert historischen Komponente des Romans mußte eine Reihe von Daten akribisch beachtet werden. Das zwang mich nicht nur zu umfangreicher Buchlektüre, sondern auch zu permanenter Verwendung von Speziallexika wie z. B. der dreibändigen Sammlung der deutschen Frontberichte des II. Weltkriegs *Das Oberkommando der Wehrmacht gibt bekannt*. Neben der Geschichte des genannten spanischen Volksaufstands gegen Kaiser Napoleon las ich auch einige Bücher über die nachrichtendienstliche Tätigkeit der Division „Brandenburg“ in den südeuropäischen Ländern und den Schutz der Öltransportroute Donau im deutschen Interesse, über den SD-Chef Heydrich, den Chef der militärischen Abwehr Canaris und dessen Bukarester Kollegen Moruzow, den der Militärdiktator General Antonesu umbringen ließ. Ich las mich in Fragen des Berliner Gesellschaftslebens der 30er Jahre, ebenso in solche der rumänischen Erdölgewinnung ein, ohne deren Kontrolle Hitler kaum länger als einen Tag hätte Krieg führen können, dazu in die Geschichte des südosteuropäischen Rabbinertums, der Armeniergemeinden auf transsilvanischem Boden, der Technik der Bombardierung europäischer Städte von Neapel bis Berlin, Moskau bis Warschau, Antwerpen und London, ich beschäftigte mich mit der Stadtgeschichte Toledos und Paris' und des europäischen Staatenbildes Europas zur Napoleonzeit u. a. m. Die Buchbeschaffungen gestalteten sich nicht selten schwierig. Denn wo findet einer z. B. eine Ausführung über Herkunft und Entwicklung der jüdischen Klezmermelodik oder über kastilische Kochrezepte um die vorige Jahrhundertwende? Ich korrespondierte aus diesem Grund mit Professor Leibisch vom Konservatorium in Tel Aviv und unterhielt mich zwei Abende lang mit der gastronomisch kundigen Señora Melina Figuera vom Spanischen Kulturinstitut in München.

Natürlich las ich die 141 Wälzer nicht alle von A bis Z, ich las lediglich Teile oder Kapitel im Zusammenhang meines Informationsanspruchs. Nicht selten allerdings trieb mich die Wissbegierde über das punktuell Erforderliche hinaus, sodass ich weit mehr las, als für die Genauigkeit einer Romanstelle vonnöten war, ja ich ließ mich bücherweise zu ausgiebiger weiterführender Literatur anregen, die nichts mehr mit dem Roman zu tun hatte. Summa summarum verwendete ich auf die Lektüre mehr Zeit als auf das Schreiben. Oft aber änderte ich den Erzählverlauf so entscheidend, dass vom Gelesenen nichts Verwendbares übrig blieb. Andererseits erschien mir nicht selten die Lektüre eines ganzen Buchs erforderlich, damit ich *einen* Absatz so zu schreiben mich in der Lage sah, wie er mir vorschwebte. Und dann wieder fand ich in einem Handbuch für Militärsabotage die Darstellung eines 1942 von Briten, Franzosen und Serben vorbereiteten massiven Angriffs auf den deutschen Öltransport donauaufwärts beim Eisernen Tor-Paß, dessen Hergang sich nahtlos ins Romankonzept fügte: Ich mußte den Bericht „nur" in Erzählung übertragen, ihn erzählerisch ergänzen und lebendig machen. Daraus wurden zwei der dramatischen, kriegshistorisch aufschlußreichen Kapitel.

Mit fast dem gesamten auf diese Art angelesenen Fachwissen ging es mir wie Thomas Mann, der über seine Lektüre musiktheoretischer Schriften für den *Doktor Faustus*-Roman schrieb: Er habe von den angelesenen Kenntnissen nach Verwendung in seinem Erzählwerk binnen Kurzem das Meiste wieder vergessen. Das ist ein relevanter Hinweis auf die selektive Fähigkeit unseres Gehirns. Ich formuliere salopp: Sofern es richtig funktioniert, behält es allein das, was wir für unsere Zwecke brauchen.

Doch soviel Weisheit in den Büchern auch liegen mag, immer schon wollte ich die Welt, über die ich schreibe, zugleich sinnenhaft kennenlernen – nicht zuletzt die Welt gerade dieses Romans. Kein Roman-Ort von Toledo bis Moskau, Paris, London, Berlin, Cernavoda, Venedig, den ich nicht befuhr, auf seine Eigenheiten hin beobachtete und dabei meine Fähigkeit prüfte, ihn unverwechselbar in Sprache zu übersetzen. Ich erschloß mir die Flüsse, Straßen, Berge, Ebenen und Architekturen, über die ich im Roman berichtete, ging in die Kneipen und Kathedralen, saugte die Luft der spanischen Macchia und die der Île-de-France ein, um sinnenhaft zu wissen, wovon ich schrieb.

Im Zentrum der vielsträngigen Romanabläufe steht Peter Hennerths geistige und menschliche Entwicklung inmitten einer Zeit zügelloser, ja brutaler Dynamik und ganz Europa aus den Angeln hebender Turbulenzen. Der Schüler des Honterus-Gymnasiums im südsiebenbürgischen Kronstadt treibt in sie hinein und stößt, eher vom Instinkt als von konkretem Wissen gesteuert, auf Fragen, die er sich nie gestellt, auf Fakten, die er nie vermutet hätte. Am Problem der Rasse – dem ideologischen Thema Nummer eins nationalsozialistischer Selbstprojizierung – stößt er sich innerlich wund bei der Feststellung, dass das in Jahrhunderten gewachsene und festgegründete humane Selbstverständnis der Gemeinschaft seiner Abstammung auseinander brechen muß, sofern der Maßstab NS-rassistischer Befindungen angelegt wird, weil ein Teil weder seiner Verwandten noch Freunde, seiner Vorfahren noch er selber dem NS-Rassenbild entspricht. Die – spektakuläre – Auflehnung ist nur eine Frage der Zeit. Um die Gestalt Peters, der ein wißbegieriger Frager ist, komponierte ich das Panorama der Romanfiguren, die sich sowohl der Eigengesetzlichkeit als auch dem Gesetz der Erzählung gemäß entfalten. Ich nenne einige davon:

Da ist der geniale jüngere Bruder Holger, dessen Vertonungen von Bibeltexten in der großen geistigen Tradition deutscher Musik seit Schütz oder Bach stehen und deren Aufführung in der monumentalen Schwarzen Kirche Kronstadts die NS-Führung gegen die ganze Familie aufbringt. Da ist Peters weitläufig Verwandter Gerry Göller, der sich während des Studiums in Berlin für die Gestapo anwerben läßt, zu Heydrichs wichtigstem Mann bei der Sicherung der Ploieştier Ölquellen wird und überdies in Heydrichs Auftrag den Raketenerfinder Oberth nach Deutschland lockt. Da ist Peters Vetter Horst, er wird U-Boot-Kapitän und Ritterkreuzträger. Da ist die männermordende Burghüterin Kathrein – eine bäuerliche Brunhild –, die dank einer Liebesenttäuschung die Männer, mit denen sie schläft, tötet und unter den Burgmauern des Heimatortes verscharrt. Dann das schöne Judenmädchen Rebekka Hermes und die auf andere Weise ebenso schöne Frauke Reiber, denen Peters erste, schwankende Liebesgefühle gelten. Dazu die in Bukarest lebende siebzigjährige Tante Petra, die angeblich mit einem ständig in der Handtasche aufbewahrten Browningrevolver ihre Liebhaber zur Räson ruft – eine gesellschaftlich versierte und hochgebildete Dame. Der durch einen Sabotageakt abgestürzte und dabei im Gesicht verbrannte rumänische Luftwaffenhauptmann Baranga, der den französischen Topagenten Pierre Angot – eine historische Figur – auch aus privaten Gründen jagt, bis der ihm buchstäblich ins Messer läuft – aus meiner Sicht einer der erregendsten Romanmomente. Da ist Peters geheimnisvoller Hardt-Großvater und die kolossale Zigeunerfrau Semiramida Cariowanda, Peters aus der SS-Wachmannschaft des KZs Ausschwitz desertierter Freund Paul Eisendenk, ein Bauernsohn. Der vom Berg Ararat stammende sowjetische Kriegsgefangene Arpiar, dem Peter zur Flucht aus der Roten Armee verhilft. Da sind die Pariser Kunsthistorikerin und Resistanceführerin Yvonne Marchant und ihr Geliebter, der aus Kronstadt stammende berühmte Maler Waldemar Taucher, und beider Katastrophe am Tag der Befreiung von Paris. Da ist auch die junge Szeklerin Katalin, die neben dem Leichnam ihres in Bosnien von Titopartisanen abgeschlachteten Geliebten, des Geigenvirtuosen Willi Kurzell, erfriert, der von Napoleons Polizei steckbrieflich durch halb Europa verfolgte spanische Oberst Juan Carlos de Conderra, ein Vorfahr Peters, und, um nur noch diesen zu nennen, der hünenhafte Hirte Gordan, der am Ende des Romans zum antikommunistischen Partisanen in den Südkarpaten wird. – Sehr karg bemessen, haben Sie mit diesen wenigen Namen einige der Gestalten aus der Völkerwelt des Romans. Auf unterschiedliche Weise sind alle mit der Zentralfigur Peter Hennerth verbunden.

Breit gestreut wie die Figuren sind die Situationen, deren ich bedurfte, um dem Stoff jener an Handlungs- und Entscheidungshärte, an Ungeheuerlichkeiten und Bestialitäten hemmungslos wuchernden Jahre gerecht zu werden. Auf eine sehr persönliche Weise glaube ich, dass zu den Eckpunkten der Romanerzählung Schilderungen wie die der Parade einer deutschen Panzerdivision in Bukarest vor einigen hunderttausend Schaulustigen im Frühjahr 1941 oder der Einmarsch ungarischer Truppen in Nordsiebenbürgen im August 1940 und deren Greueltaten gehören, die Begegnungen in Hitlers Berlin des jungen Gerry Göller mit dem gleichaltrigen Budapester Juden Leo Fisch, der sich als Adliger in HJ-Führeruniform tarnt, aber auch die Begegnung des deutschen Admirals Canaris mit dem rumänischen Abwehrgeneral Moruzow im Palazzo Foscari am Canal Grande, Göllers Agentenduelle bei der Cernavoda-Donaubrücke und beim Eisernen Tor-Paß, der makabre Abschiedsball zur Waffen-SS einrückender siebenbürgischer Burschen unter Beteiligung eines deutschen Panzergrenadier-Bataillons – für mich, den Autor, in einem bestimmten Sinn der Höhepunkt des Romans – und schließlich die in einer vom Hardt-Großvater dem 16jährigen Peter vererbten Familienchronik enthaltene historische Spanien-Rückblende, die den psychologischen Schlüssel für Peters Entscheidung zur Rebellion enthält und der Ideenmittelpunkt des Romans ist, dem alle Magistralen der Erzählung zulaufen.

Der Autor einer Romanerzählung über die Jahre des II. Weltkriegs ist unausweichlich der Lage ausgesetzt, zeittypische Scheußlichkeiten festhalten zu müssen, auch im Blick auf den Südosten – etwa den von Mitgliedern der rumänischen Eisernen Garde verübten Massenmord an Juden im Bukarester Schlachthof und, als Vergeltung für das tödliche Attentat auf Heydrich, die Hinrichtung aller männlichen Bewohner des tschechischen Dorfes Lidice, an der der Kronstädter Göller beteiligt ist; oder der Mord an Yvonne Marchant in Paris, während General de Gaulle auf der Place d'Étoile die Massen grüßt. Erträglich werden diese und andere Akte der Ungeheuerlichkeit im Roman wie im Leben durch starke Gegengewichte. Ich veranschaulichte sie, was mir erst nach Abschluß der Arbeit bewusst wurde, an den Frauengestalten und an den Exkursen in

Bereiche der Kunst. So an Peters Mutter Hanna, an seiner stolzen Tante Elisabeth, die ihrem Geliebten – einem zum Kommunisten gewordenen ehemaligen k.u.k.-Offizier – in Stalins Moskau folgt und nach Jahren von dorther auf abenteuerlichen Wegen flieht, an Hanna van Ruister, der sensiblen holländischen Freundin Göllers in Berlin, an der morgenländisch schönen Rebekka, deren Anblick und Nähe Peter heillos verwirrt, an den bemerkenswerten Großmüttern u. a.

Selbstverständlich bin ich mir des Umstands bewußt, dass alle die hier angestellten klassifizierenden Hervorhebungen durch und durch subjektiver, ja sogar egomanischer Natur sind – widerlegbar oder austauschbar von jedem, der das Buch liest. Ich habe jedoch meine privaten Präferenzen auf den 686 Buchseiten, und es gibt nun einmal Stellen darin, von denen ich meine, dass sie mir besonders glückten, sei es, indem ich sie mit der „Energie der ersten Konzeption" niederschrieb, von der Schopenhauer sprach, atemlos und ohne einzuhalten entworfen, sei es, indem ich sie zwei Dutzend Male überarbeitete, umarbeitete, verwarf, von Grund auf neu formulierte, anders ordnete oder mit neuen Akzenten versah. Das Schreiben ist – ich sagte es – zunächst Handwerk und bleibt ohne die literarische Intuition Handwerk. Intuition wiederum, notierte der von mir mit Bewunderung und Zuneigung genannte Golo Mann, ist allein das Ergebnis unablässiger Arbeit. Wie sich aus der Sprache heraus, die ja selber denkt – das müssen wir Sterblichen ihr nicht beibringen, sie ist viel älter und hat an Erfahrungen viel mehr gespeichert als wir –, wie sich aus der Sprache heraus der Gedanke einstellt und nicht umkehrt: dies ist für mich eine elementare Erfahrung des Schreibens, die ich in den Jahren der Arbeit an diesem Roman eindringlicher machte als jemals vorher. Der Gedanke gibt die ungefähre Vorgabe, alles Weitere aber wird sich aus der Sprache entwickeln müssen, um zur Dichtung zu werden. Der englische Amerikaner Thomas Stearns Eliot ging noch weiter und sagte: Bei ihm, dem Lyriker, stelle sich zuerst das Gefühl einer suggestiven Sprachgestimmtheit ein, ehe er sich gewissermaßen auf die Suche nach dem Gedanken mache, um die Stimmung poetisch zu realisieren. Doch schon 150 Jahre vor Thomas S. Eliot hatte Kleist in einem Essay ausgeführt, wie sich der Gedanke aus dem Sprechen heraus entfaltet. So kam es, dass ich mich zur Niederschrift oft umfangreicher Romanpassagen vom Gefühl gedrängt spürte, einer momentanen starken Sprachgestimmtheit gemäß formulieren zu müssen, es nicht verschieben zu dürfen, weil sich Gestimmtheiten verflüchtigen. Der Gedanke bleibt erhalten, wir erinnern uns seiner, wir können ihn notieren. Doch die Stimmung kommt und geht, wann sie will, sie ist nicht speicher-, nicht notierbar. Und *sie* ist es, in der der Genius der Formulierung liegt. Der Schreibende muß sie sofort als Aufforderung verstehen und wahrnehmen. Hier folgt die Kunst des Erzählens einem anderen inneren Kalender als z. B. die Kunst des Buchhaltens.

Daher schrieb ich diesen Roman an meinem Schreibtisch in Gröbenzell bei München, im Flugzeug nach Windhoek, Toronto, Tel-Aviv und Auckland, in der Eisenbahn von München nach Leipzig und zurück, unterwegs auf vielen Fahrten nach Italien im Pkw neben meiner stundenlang mit Rücksicht auf mich wortlos fahrenden Frau, im kanadischen Urwaldblockhaus eines Freundes, am Rand des liebevoll gedeckten Kaffeetisches meiner Schwiegermutter an der dänischen Grenze, im Bukarester, ebenso im Berliner und Wiener Hotel, an Abenden im Gasthof nach dem Skilaufen in der Silvretta. Ich schrieb an ihm während Perioden schwerer, ja schwerster Erkrankung, weil mich das, was ich die Sprachgestimmtheit nannte, nicht nach meiner körperlichen Erschöpfung und gesundheitlichen Verfassung fragte, sondern sich einstellte, wann es wollte. Ich schrieb an ihm während wissenschaftlicher Kongresse im In- und Ausland, während Konzert- und Theateraufführungen, während des Fernsehkrimis, während Arbeitssitzungen und Redaktionsbesprechungen. Es gibt mehr als einen Zeugen für das, was ich Ihnen hier sage. Den größten Teil schrieb ich – da ich keinen Laptop benutze – von Hand und hinterließ denen, die eventuell einmal mehr darüber wissen wollen, einige vollgekritzelte Papierstöße in Umschlägen, auf denen ich z. B. notierte: VII. Kapitel, Erstschrift während schlafloser Föhnnacht in Innsbruck; XI. Kapitel, Erstschrift im Studio Manfred Winklers in Jerusalem; XVI. Kapitel, Skizze während einer Nacht mit Erkältungsfieber in der Wohnung Dr. Guţus in Bukarest; u. ä. m.

Dies alles ist nicht die Chronik schriftstellerischer Launen und Verrücktheiten, es ist die grobe Auflistung der Termine einer Knochenarbeit, der ich mich ausgeliefert und die mich an sich gesogen hatte wie ein übermächtiger Magnet, die ich aber als unvergleichliche Befriedigung empfand, das Bild sei gestattet: als die masochistische Befriedigung des von seinem über alle Maßen geliebten Herren gepeitschten Sklaven. Ist dies nicht das Glückgefühl aller mit Ernst, Hingabe und Konzentration Arbeitenden?

Es kommt zur schwer definierbaren Tortur solcher Arbeit, von der Romain Rolland gelegentlich sprach, freilich ein Anreiz hinzu, den ich das Abenteuer des Schreibens nenne: Das Endziel ist vorgeplant, nicht aber die Wege dorthin – da führt die Sprache den Erzähler pausenlos in ungeahnte Richtungen, zu ungeahnten Bildern und Aussagen. Denn die Sprache birgt nicht nur die Erzählenergie und Erzählmelodie beflügelnden Stimuli, sie wirkt auch mitbestimmend bis ins narrative Kompositionsgefüge hinein, weil ihr Fluß dem Erzähler immer wieder Ausblicke auf unvorhergesehene Möglichkeiten in der Anlage des Ganzen und dessen Aufbau eröffnet. Die Faszination des Immer-weiter-Schreibens liegt also auch in der süchtig machenden Begierde, zu erfahren: Wohin führt es mich, wenn ich mich jetzt an den Schreibtisch setze, wohin, wenn ich morgen fortfahre? Das „Wunderbare der Gefahr der Fahrt“ in diese Ungewißheiten, wie es der fast vergessene Josef

Weinheber formulierte – nicht zuletzt darin lag die Faszination meiner Arbeit an *Die Wiederkehr der Wölfe.*

Und es gab auch diese Kompensation: Ich bewegte mich beim Schreiben inmitten der Scharen meiner Romangeschöpfe wie unter Geschwistern und Vertrauten, die nichts vor mir verbergen mußten, weil ich nichts von mir vor ihnen verbarg, die nichts befürchten mußten, weil ich ihnen nichts vormachte, ob ich sie den Guten oder Bösen, den Klugen oder weniger Klugen zugehörig sein ließ. Ich war per Du mit dem Ungeheuer Reinhard Heydrich, mit dem alten Rabbiner Dr. Schapira und, im Spanienkapitel, mit dem Maler Francisco Goya, den ich in einer langen Passage auftreten lasse – Zeile für Zeile vor allem mit dem Knaben Peter Hennerth, der seinen Weg durch die Jahre der Adoleszenz sucht, dabei von seinen nicht steuerbaren Wachträumen immer wieder zutiefst irritiert und daher den Bildern der Welt gegenüber zum Nachdenken in allem: zum *Frager* erzogen wird. Ich spürte beim Schreiben aber auch den Reiz der Annäherung an die eigenwillige, mit viel Sexappeal ausgestattete Studentin Adelina, die rebellische Tochter des Bukarester Botschafters am Hof des Diktators Franco in Madrid, an die 17jährige krimhildenschöne Frauke Reiber, die Peter zum Geliebten haben will und alles tut, um ihn für sich zu gewinnen, und vor allem an die 18jährige Ruxandra, deren sinnliche Ausstrahlung, während ich sie erfand und schilderte, mich erregte. Ich folgte angespannt dem Disput des deutschen Gestapo-Offiziers Göller mit dem Oberst der rumänischen Abwehr Doru Baranga zu brisanten Themen, wie Stalin, Hitler, Antisemitismus, und mit dem US-amerikanischen Agenten Lincoln über Rassismus. Mit der gleichen Unmittelbarkeit der Anteilnahme genoß ich die Gespräche über Kunst der Frau Alma Martens mit dem Maler Taucher, und ich überließ mich wie einem Seelenbad der Rauheit der Hochgebirgsaufenthalte Peter Hennerths beim Hirten Gordan, der mit der Bärin Cora spricht, ich empfand leiblich Peters wilden Schmerz beim

Tod des Hardt-Großvaters. Es ging mir kurz gesagt, nicht anders als jedem Erzähler, der seine Geschöpfe ernst nimmt.

Schrieb ich den Roman über jene Jahre und die in sich verstrickten Menschen nicht sogar, um all diese Begegnungen und Gedanken haben zu können? Um in all den Situationen, in die ich seine Figuren hinein stieß, in den Gedanken, die sich zu machen ich sie zwang, und in den Gefühlen, die die rasende Zeit, in der sie lebten, in ihnen auslösen ließ, mir selber Klarheit zu verschaffen über eine Epoche, die auch mein Leben wie das Millionen anderer bis in die existentiellen Wurzeln hinab ausmachte?

Eines noch erlauben Sie mir am Ende dieser überaus persönlichen und lückenhaften Ausführungen anzumerken: Suchen Sie, die Sie das reale Umfeld des Romans *Die Wiederkehr der Wölfe* kennen, suchen Sie, bitte, nicht über die allgemein bekannten Namen europäischer Geschichte hinaus – wie Heydrich, Albert Speer, Stalin, Hitler, Antonescu, Canaris, Kaganowitsch u.a. – hinter den weniger geläufigen, hinter den lokal vertrauten Namen Ihnen bekannte Personen; Sie werden keine finden. Ich schrieb nicht einen Roman, um mich an anderen gütlich zu tun oder etwa an ihnen zu rächen, mich über sie lustig zu machen oder um irgendjemanden öffentlich in die Pfanne zu hauen, ihn zu diskreditieren. Dafür ist mir die Kunst des Erzählens zu gut, die Zeit, über die ich berichte, zu ernst und meine Achtung vor der Würde des Menschen zu sehr ein grundsätzliches Anliegen; ich verfüge nicht über die Gemeinheit, billige Enthüllungsgelüste und -befriedigungen zu empfinden – diese Versuchung unserer Zeit, der die Labilen so leicht erliegen. Die Würde der Kunst bleibt unumstößlicher Maßstab auch dort, wo sie zu entlarven, richtigzustellen und zu geißeln aufgerufen ist. Ich tue es in diesem Buch mit schonungsloser Ironie, mit Ernst, auch mit Humor und Heiterkeit, und ich hoffe, dass mir dabei die Zeichnung von Menschen und Situationen im Sinne der historischen Wirklichkeit und in deren Geist gelang. Und natürlich hat, so gesehen, jede Gestalt des Romans ihr genaues Vorbild im Realen, ausnahmslos jede. Aber keine erscheint in fotografischer oder entstellender Wiedergabe, sondern ausschließlich als ihre Ergänzung bzw. Reduzierung auf das Wesentliche nach Vorgabe des Romananspruchs. Erst indem ich dem realen Modell die Konkreta der persönlichen Erscheinung nahm, es als Modell also tilge, gab ich ihm als Figur der Erzählung die künstlerische Glaubwürdigkeit.

Die Wiederkehr der Wölfe ist ein historischer Roman, der mit den bekannten Daten der Epoche 1939–1945 auf das Exakteste zu verfahren sich bemüht, was das Erzählen nicht immer leicht machte, weil das Erzählen anderen Kausalitäten folgt als der geschichtliche Ablauf, der – ich zitiere wieder Golo Mann – Bewegungen „wie in einem Tollhaus" vollführt. Er ist ebenso ein Bildungsroman, der Peter Hennerths menschlicher wie geistiger Reifung stufenweise und mit dem Willen zum Nuancenreichtum nachspürt. Er ist zudem, wie ich in dem vom Verlag verfassten Klappentext las, ein Agententhriller und Spionageroman über kriegsmitentscheidende Einsätze um die Rohölsicherung südlich der Südkarpaten – ein Aspekt, der auf eine merkwürdige Weise in der Darstellung der politischen Vorgeschichte der Jahre 1939–1945 von unseren Historikern genauso stiefmütterlich behandelt wird wie die Gründe verschwiegen oder verkannt werden, die Rumänien letzten Endes bewogen, sich entgegen seiner historischen Tradition Deutschland und nicht der Entente cordiale anzuschließen. Es ist auch ein Liebesroman, in dessen entsprechenden Passagen und Szenen ich die ganze Intimität einfließen ließ, zu der mich Mädchen- und Frauengestalten wie Rebekka Hermes, die Französin Yvonne Marchant oder die Szeklerin Katalin, die Spanierin Elvira und alle anderen aufforderten. Es ist nicht zuletzt ein Gesellschaftsroman, der das Verhalten aller sozialen Schichten und zugleich mehrerer Völkerschaften während der genannten Jahre beleuchtet.

Was dieser Roman nicht zu sein beabsichtigt, ist eine Autobiographie. Zwar teile ich durchaus mit dem Bologneser Semiotikprofessor Umberto Eco die Ansicht, dass alles, was ein Erzähler schreibt, Ausschöpfung des Autobiographischen ist. Ja ich gehe noch weiter und behaupte, dass selbst der Essay, sogar der wissenschaftliche Text Autobiographie ist, weil ja auch Gedanke und Theorie, die einer in Sprache faßt, das Ergebnis seiner persönlichen Verfassung zu einem bestimmten Zeitpunkt und im Zustand einer bestimmten Reife, demnach also autobiographisch bedingt sind. Das, was die historische Forschung Ego-Dokumentation nennt, bestimmt auch dort unser Tun, wo wir sie gar nicht meinen. Selbstverständlich schrieb ich über weite Strecken aus dem unmittelbaren Erleben meiner Existenz heraus, die mir durch einigermaßen abenteuerliche Abläufe eine Fülle von Material lieferte, dessen mich nicht zu bedienen fahrlässig gewesen wäre. *Leben, um davon zu erzählen*, nannte Gabriel García Márquez seine 2003 veröffentlichte Autobiographie – das gilt ohne Einschränkung auch für mich. Doch hinsichtlich des vordergründigen, des sichtbaren biographischen Vorkommnisses im geläufigen Sinn ist der Roman kein autobiographischer Text. Ich betone dies, weil ich in vergangenen Jahren und Jahrzehnten nach der Veröffentlichung auf zeitgeschichtlichen Themen aufbauender Erzählprosa immer wieder von angeblichen Kennern meines Lebens mit dem belehrenden Hinweis angesprochen wurde, dies oder jenes sei doch „in Wirklichkeit nicht gerade so gewesen" wie von mir zu Papier gebracht. Vergebens versuchte ich, oft flehentlich, zu erklären: Die Erzählung, das Buch hat mit meinem Leben nur insofern zu tun, als ich es schrieb; jedes Unterfangen, meine Vita oder die meiner Familie darin zu erkennen, redet und deutet an der Sache vorbei und ist unfähig, Literatur nicht nur als Tratsch, sondern als Literatur zu verstehen. Freilich, sage ich mir, enthält diese Sichtweise auch Anerkennung – weil daraus hervorgeht, dass ich offensichtlich so lebensnah schrieb, dass mancher meint, ich hätte darin Autobiographisches dargestellt, da doch nur einer, der dabei war, die Dinge so glaubwürdig zu schildern vermag.

Der Roman *Die Wiederkehr der Wölfe* will im Spiegel einer Region und deren kontinentalen Vernetzungen eine Epoche und ihre Menschen anschaulich machen im Sinne eines wunderbaren Wortes des Spaniers José Ortega y Gasset, das den 686 Seiten als Motto voransteht, es lautet: „Wer etwas erklären will, muß eine Geschichte erzählen."

Präsentation des Romans
„Die Wiederkehr der Wölfe",
September 2006, München

Das Grunderlebnis der Vergeblichkeit

Der Fluch und Ciorans Philosophie

Den bisher vorgetragenen Modi zur Frage des interpretativen Umgangs mit Émile Ciorans Gedankenuniversum füge ich zwei weitere hinzu, die unerwähnt blieben, die mir aber substantiell erscheinen. Der knapp bemessenen Zeit wegen werde ich sie nur skizzieren.

Der eine ist im Bereich der *Struktur* seines Denkens, der andere in dem der *Orientierung* seiner Geisteshaltung zu erkennen. Mit der Struktur meine ich die grundsätzliche Rigorosität, ja Radikalität seines Zugriffs auf den Gegenstand: den Biss, mit dem er sich seit Jugendtagen die Befindlichkeit des Menschen als Individuum, als Gesellschaft, als Geschichte vornimmt – in den Schriften über Émile Cioran wurde er längst zur Legende. Mit der Orientierung meine ich die historisch überkommene Weisheit, die ihm von Kind an als unausweichliche Prämisse in der Auseinandersetzung mit der Welt zur Verfügung gestellt war und die ebenso sein gesamtes Werk beherrscht. Ich werde es erklären.

*

Dem 1911 geborenen, seit dem sechsundzwanzigsten Lebensjahr, 1937, in Paris lebenden Philosophen wird zur Last gelegt, in jungen Jahren der rechtsradikalen faschistoiden Partei der Eisernen Garde – Garda de fier – seines Heimatlandes Rumänien angehört zu haben; 1930 aus der 1927 gegründeten Legion des Erzengels Michael – Legiunea Arhanghelui Mihai – hervorgegangen, zwischen 1930 und 1941 mehrfach verboten, unter neuem Namen wieder zum Leben erweckt, war sie schließlich aufgelöst worden. Der mystischchristliche, nationalistisch-antisemitische Ideenbrei ihres Programms enthielt dank der Entschlossenheit ihrer Führer zu terroristischer Gewalt und ihres bedingungslosen Willens zum sofort greifbaren Ergebnis den Sprengsatz der Unberechenbarkeit. Das wurde in exremer Form bereits beim spektakulären Verlauf des ehemals zu fragwürdigem Ruhm gekommenen Gerichtsverfahrens deutlich, in das sich ihr Gründer, der 1899 geborene charismatische Zelea Codreanu, verwickelt sah: Codreanu erschoss „mit einer herrischen Geste", wie ein Zeuge berichtet, im Gerichtssaal „unter bewundernder Assistenz des Publikums" und ohne Folgen kurzerhand den Polizeioffizier, der seine Verhaftung betrieben hatte. Der Akt erwies sich als symptomatisch für das Selbstverständnis der „Garde", die Bereitschaft zur Aktion bis hin zum Mord als deren Signum.

Die Sympathien dafür erklären sich zunächst aus den Zuständen im monarchisch regierten Land, auf dessen Thron König Karl II. von Hohenzollern-Sigmaringen saß. Diese Zustände waren z. T. von Korruption bestimmt – wie Bakschischmentalität vor allem im Polizei- und Verwaltungsapparat – und von der Tatenlosigkeit der Regierung angesichts der Verarmung des Bauernstandes in den ost- und südrumänischen Provinzen, der rund 70 Prozent der Landesbevölkerung ausmachte. Nicht zuletzt das Drängen der studentischen Jugend und großer Teile der Intellektualität, den Übeln ein Ende zu bereiten, trieb der „Garde" ganze Universitäten und Berufsstände in die Arme. Hinzu kam, dass Europa mächtige Vorbilder bereit hielt: Kommunistische, faschistische, nazistische Parteien von Russland bis Spanien, von Italien bis Deutschland demonstrierten die Möglichkeit, den an die langsamen und oft umständlichen Mechanismen der Demokratie gebundenen Politikern, dazu den Spekulanten der Geld- und Wirtschaftsmärkte quasi im Handstreich die Zügel aus den Händen zu reißen. Die Radikalität des Denkens und des Handelns als vermeintlich alleiniger Weg der Problemlösung erwuchs also aus einem verbreiteten ungeduldigen

Mißbehagen an den Zuständen. Wo es ausstrahlungsstarke und tatkräftige Sprecher gab, fand es Zulauf.

Es ist m. E. unzweifelhaft, dass vor allem diese Erwartungen dem zwanzigjährigen Émile Cioran den Weg zur „Garde“ wiesen, das heißt, zu deren genau umrissener Entschiedenheit der gedanklichen Dynamik, sich ohne Herumfackeln den Problemen zu stellen und ihnen zu Leibe zu rücken. Im Übrigen war dies der Antrieb, der im damaligen Europa m. m. ganze Generationen vor allem junger Menschen in Bewegung setzte.

Cioran distanzierte sich später, wie wir wissen, von den thematischen Inhalten der „Garde“ – er soll es nicht zuletzt durch die Einwirkung seines ebenfalls in Paris lebenden renommierten Landsmannes und Freundes Eugène Ionesco getan haben, eines überzeugten Demokraten und Antimarxisten, was spätestens dessen Eröffnungsrede bei den Salzburger Festspielen 1972 bewies. Doch vordringlich erscheint mir hier, dass die Abkehr des reifen Cioran von den *Inhalten* der „Garde“ nicht auch die Abkehr von der *strukturellen Ausschließlichkeit* des Denkens seiner Jugend bedeutete. Anders ausgedrückt: Das philosophische Denken des reifen Cioran weist die um nichts veränderte Struktur des Radikalen im politischen Denken des jungen Cioran auf. Geblieben waren dem Philosophen aus den Jugendjahren des politischen Irrwegs die Entschiedenheit in der Ablehnung des Kompromisses, die Schärfe in der Benennung des Problems, die Radikalität der Feststellung. Dies alles sind Vokabeln, die einst bei der Charakterisierung der „Garde“ Verwendung fanden, es sind zugleich – wie Sie alle wissen – Vokabeln, wie wir sie bei sämtlichen Analytikern der Cioran-Philosophie antreffen: Émile Ciorans *Thematik* also hatte sich geändert, nicht aber die *Struktur* seines Denkens. Es zu erkennen, bedürfen wir der Differenzierungen außerhalb vordergründiger, wie immer gearteter ideologischer Maßeinheiten – oder wir bewegen uns am spröden wie heiklen Gegenstand vorbei. Und natürlich spielte, nicht zuletzt, die genetische Anlage eine Rolle. Sie war, die Anmerkung sei mir gestattet, bei dem Widdergeborenen durchaus von Angriffsfreude und -mut dominiert, wie die wenigen Menschen, die ihm nahestanden, übereinstimmend berichten.

Mir ist kein weiterer mit Émile Cioran vergleichbarer Fall von dieser Eloquenz bekannt. An ihm wird etwas von der europäischen Tragödie des 20. Jahrhunderts sichtbar. Man könnte sie in einer Metapher die Verwirrung hoher Intelligenz und starker Willenspotenziale in den Ideenkraftfeldern eines historischen Bermudadreiecks nennen. Damit meine ich die fatale Desorientierung angesichts qualitativ wie quantitativ bis dahin unbekannter kontinentaler Erscheinungen: die falsche Reaktion auf sie. Wir lesen davon in Stalin-Mongraphien hervorragender Autoren wie Antonow-Owssejenko, Allan Bullock, Vjaceslav Oasicev o. a. und in Hitler-Monographien ebenso erstklassiger Autoren wie Joachim Fest, John Tolland, Werner Maser o. a. Die von Eitelkeit nicht freie Faszination des Intellektuellen durch die politische Macht – d. h. durch die Persönlichkeit mit Handlungsstärke im Praktischen – paart sich dabei mit dem Schielen nach eigenem Vorteil und der schmeichelhaften Illusion, an der Änderung der Verhältnisse als historischer Akt teilzuhaben. Ohne den Gedanken zu vertiefen – so reizvoll es auch wäre –, eine Äußerung Goethes dazu, aus der sich alles hier nur Angedeutete in Fülle ableiten läßt: „Wenn man das Treiben der Menschen seit Jahrtausenden überschaut, so erkennt man darin einige (...) Formeln, die mit Zauberkraft auf ganze Nationen wie auf den Einzelnen wirken (...).“ Sie wirkten wenig über hundert Jahre nach Goethes Brief von 1818 an Caroline von Egloffstein – in dem diese Zeilen stehen – auch auf den jungen Cioran ein, ehe er sich aus ihrem Bann löste.

Soviel zur Struktur des Logos: zu den Rastern Cioanschen Zuschnitts, auf denen sich die Weltbetrachtung dieses Mannes Zeit seines vierundachtzigjährigen Daseins manifestierte. „Ein Leben lang hauptberuflich verzweifelt", sagte er über sich selbst und sprach von seinen „Vorbehalten gegenüber der Legitimität der Existenz".

*

Wo aber liegen die Ursprünge einer Sichtweise, die sich in Buchtiteln ausdrückt wie „Die *verfehlte Schöpfung*", „Vom *Nachteil*, geboren zu sein", „Auf den Gipfeln der *Verzweiflung*", „Syllogismen der *Bitterkeit*", „Die Lehre vom *Zerfall*" – bereits 1953 von Celan ins Deutsche übersetzt –, „Der *Absturz* in die Zeit", „*Gedankendämmerung*", „*Gevierteilt*" oder „Der zersplitterte *Fluch*"? Erscheint diese Reihung „moderner Nihilismen" nicht als Umkreisung ein und desselben Themas? Als eine Folge hoffnungsloser Variationen über ein manisch wahrgenommenes Zentralanliegen, das sich in Substantiva wie „Bitterkeit", „Zerfall", „Dämmerung", „Vierteilung", „Absturz", „Nachteil" und schließlich sogar „Fluch" zu erkennen gibt und von dem Cioran niemals loskam?

Das Substantiv „Fluch" erscheint mir dabei kennzeichnend. Denn auf einen gemeinsamen Nenner gebracht, bietet sich die Zurückführung der Buchtitel-Variationen auf den Sammelbegriff „Verfluchung" an, in ihr treffen sich die Befindungen: Cioran verflucht im Grunde in intellektueller Sublimierung schlichtweg alles, was nach alltäglichem Ermessen den Wert eines Lebens ausmacht, in seiner Scharfzüngigkeit bald abstoßend, bald bestechend, in der genauen Demaskierung überraschend, bestürzend. Formulierungen wie „Je mehr einer lebte, desto weniger scheint es ihm angebracht, gelebt zu haben", „Wer einen Körper besitzt, hat ein Recht darauf, ein Verdammter genannt zu werden", „Leben heißt Boden verlieren", „Alles wird wunderbar verständlich, wenn man zugibt, dass die Geburt ein unheilvolles Ereignis ist" usw. – dies alles allein in *einer* Cioranschrift, „Vom Nachteil, geboren zu sein". Es ist Ihnen bekannt, es ist Ihnen geläufig, und Sie wissen: es steht für tausend ähnlicher Cioransentenzen.

Auf einem questionaire aus dem Jahr 1972 des deutschen Philosophen Leonhard Reinisch mit 37 Fragen antwortete Cioran in der Rubrik „Ihr Motto?" mit dem Satz: „Vergiss nie dein Brechmittel!" Im selben Jahr sagte er in einem von der Zeitschrift „Merkur" nachgedruckten umfangreichen Rundfunkinterview ebenfalls zu Reinisch: „Die Welt wurde von einem schlechten Gott geschaffen." Außerdem: „Meine Vision von der Zukunft ist so deutlich, dass ich, hätte ich Kinder, sie erdrosseln würde." Oder: „Wenn das Leben, der Mensch, die Geschichte morgen aufhören würden – ich wäre nicht traurig"; u. v. Ä. Die im Sinne meiner Mitteilung entscheidend erhellende Antwort Ciorans auf eine Frage Reinischs aber lautet: „Ich kenne Deutschland, ich kenne Frankreich und Italien, ich kenne Spanien und England. Doch es gibt kein Volk, das so skeptisch-nihilistisch, so pessimistisch ist wie die Rumänen. Denn ihr Grunderlebnis ist das Erlebnis der Vergeblichkeit. Und das habe ich in meiner Kindheit gehabt, ja ich muß sagen: Es bestimmte mein ganzes Leben." *Dieser Satz ist der Deutungsschlüssel für Ciorans gesamtes Werk* – und er gilt über die Grenze der nationalen Definition hinaus: er gilt für ganz Südosteuropa.

Das „Grunderlebnis der Vergeblichkeit" – des „Umsonst", das in Ciorans Briefen an Wolfgang Kraus, besonders in den späten, immer häufiger auftaucht. Der westliche Europäer, der Abendländer, zeigt sich zwar irritiert von der apodiktischen Formulierung, ist aber nur insofern von ihr berührt, als er sich ihr lediglich in begrifflich abgeblaßter Erkenntnis des Cioranschen Weltgefühls- und -begreifens zu nähern vermag. Der Rumäne Émile Cioran jedoch entstammte einer Region der historisch erfahrenen und sinnenhaft gelebten Vergeblichkeit – nicht allein einem Volk, sondern mehr noch einer europäischen Region: dem kontinentalen Südosten, der einen von den übrigen Europäern grundlegend unterschiedlich angelegte historischen Raum einschließlich der geistigen und emotionalen Komponente darstellt. Einfalls- und Durchszugs-, Eroberungs- und Herrschaftsgebiet oft rasch aufeinander folgender Usurpatoren, kamen hier unter Zwang Mentalitäten zur Reife, die andernorts in Europa unbekannt blieben, *weil es die Situation nicht gab*. Ins Dasein der hier lebenden Völker, Volksstämme, Völkerschaften brachen nicht nur aus Europas Westen, Süden und Norden Eroberer ein, sondern ebenso aus den Ebenen nördlich des Kaspischen Meeres, aus dem ferneren Asien, aus dem Orient – Illyrer und Thraker, Kelten und Awaren, Alanen, Kumanen, die germanischen Ost- und Westgoten, die Bastarnen, Langobarden, Gepiden, dazu Kimmerier, Skythen und Päonier, ebenso Römer, Slawen, Hunnen, Türken, Mongolen oder Tataren. Nach Herkunft, Geschichte und Absicht deutlich voneinander unterschieden, prägten sie den Bewohnern der südosteuropäischen Landschaften immer wieder mit Gewalt ihre Lebensmuster auf.

Und sie beeinflußten und bestimmten die autochthonen, die regionalen Kulturen zusätzlich mit einer Vielzahl oft schroffer wie gegensätzlicher Prägungen und beherrschten sie zugleich mit unnachgiebiger, in der Regel brutaler Härte. Bis heute in ihrer Volkspoesie lebendige Totenklagen, immer noch mit Ergriffenheit vorgetragene Lobpreisungen heldenhafter Kämpfer gegen die Unterdrücker, Ermutigungsgesänge bis in die moderne Lyrik dieser Völker hinein zeugen von der Not über Jahrhunderte erstreckter, nicht abreißender Niederwerfung, Demütigung, Knechtung, Ausbeutung und von verlorenen Schlachten gegen übermächtige Bezwinger. Man halte sich allein die Jahrhunderte dauernden Kämpfe dieser Völker gegen die Eroberer aus dem Vorderen Orient, die Türken, vor Augen: In der Schlacht auf dem Amselfeld 1389 verloren die Serben gegen das Türkenheer Murads I. – von den Regenten des westlichen Europa im Stich gelassen – ihre gesamte adlige Jugend. Dem genialen Albaner Skanderbeg gelang es um die Mitte des 15. Jahrhunderts nur für die Dauer von fünfundzwanzig Jahren, die türkischen Eroberer in blutigen Gemetzeln von seinem Land fernzuhalten. Sein bis Anfang des 16. Jahrhunderts lebender jüngerer Zeitgenosse Stephan der Große, Fürst der Moldau, mußte sein Land in nahezu drei Dutzend Schlachten gegen die Verwüstungen, Plündereien und massenhaften Menschenverschleppungen durch osmanische Heere verteidigen; fast genau fünfzig Jahre vor seinem Tod hatten diese Konstantinopel erobert – die Mittel- und Westeuropäer hatten taten- und ahnungslos zugesehen.

Dies sind drei willkürlich gewählte Beispiele allein aus der mittelalterlichen Geschichte Südosteuropas. Ganze Geschlechterfolgen hindurch ununterbrochene Guerilla- und Partisanenkämpfe mit Überfall- und Rückzugsgebieten von den Dinarischen Alpen bis in die Ost-, vom Rhodopegebirge bis in die Südkarpaten, von den Levka Ori auf Kreta – lesen Sie hierzu bei Nikos Kasantzakis nach – bis in die Wälder und Täler der nordalbanischen Gebirgszüge: Dies alles formte nicht nur spezifische Lebensorientierungen, sondern zugleich einen Menschentypus, den es in Europa nur hier gibt. Das Repertoire seiner Weltsicht bildete sich weitgehend unter der Knute und den Terrorisierungen übermächtiger Eindringlinge.

Was all dies mit der Philosophie des Südosteuropäers Émile Cioran zu tun hat? Ich sagte es bereits: den Fluch. Denn ebenso wie die Gerissenheit, den Mächtigen austricksen und ihm als der Schlauere und Fintenreichere entgegentreten zu müssen, um fortzubestehen, gehört auch der Fluch zum Überlebensprogramm des Unterdrückten, Gedemütigten, Gequälten. Der Fluch als letztes Refugium der um Freiheit, Würde und Hoffnung Gebrachten und Geschändeten, denen der Sieger nur noch das kreatürliche Bewußtsein ihrer selbst ließ, als einzige Möglichkeit zumindest innerer Befreiung des mit Füßen getretenen Wehr- und Schutzlosen. Der unter dem Tritt des Herrschenden mit blutiger Zunge geflüsterte und zerknirschte Fluch des Versklavten, der am Ende seiner Kraft ankam, der aber nicht vom Leben lassen will: Die Verfluchung als Ritual der seelischen Aufbäumung über Epochen hinweg an den Rand ihrer Existenz gedrängter verzweifelter Völker. Wohl spielen Fluch, Verfluchung, Verwünschung im seelischen Haushalt der Menschen beginnend mit Südosteuropa bis weit in die nahöstliche Welt hinein und darüber hinaus eine dem „lateinischen" Europa nicht unbekannte Rolle, doch die Spezifika im europäischen Südosten haben eigene Akzente des Ursprungs und der Intention.

Die südosteuropäischen Völker kennen Fluchformeln, deren Verzweiflungsraserei an die Beschwörungen der antiken Tragödiensprache erinnert. Sie sind der paradigmatische Ausdruck leidvoller Geschichte. Sie haben nichts mit der billigen Frivolität der Flüche westlicher Europäer zu tun, in deren Sprachen sie sich höchstens als Vokabel, nicht jedoch als Gehalt übertragen lassen und deren Flüche sich wie widerliches pornographisches Gelaber von Vorstadtlümmeln ausnehmen – die harsche Phantasiearmut des englischen, die harmlose Deftigkeit des deutschen, die ordinäre Schlüpfrigkeit des französischen Fluchs. Die südöstliche Verfluchung des eigenen Lebens, des Lebens der Kinder, der Väter, des Lebens aller Vorfahren bis Adam und Eva, ja bis Christus und Gott zurück, einschließlich der imaginären Geschlechtsteile des Weltalls, der Schöpfung – es gibt im Südosten aus Situationen äußerster Existenzumdüsterung geborene Flüche, deren Dauer sich über Minuten erstreckt, eine Kette abgründiger Wortausgeburten mit vorgeprägten Wendungen und Bildern … Wer davon nur das Obszöne versteht, weiß nicht, wovon er redet. „Vom Nachteil, geboren zu sein", lautet Ciorans intellektualisierte Zusammenfassung.

Denn all dies bezeichnet auf den Punkt genau die philosophische Grundidee des Südosteuropäers Émile Cioran. Aus diesem historischen Impuls speist sich seine zur Philosophie erhobene Exklusivität der Nüchternheit in der Erfahrung immer wieder vergeblicher Auflehnung gegen die lebensbestimmende Übermacht. *Cioran entlehnte das Leitmotiv seiner Gedanken folgerichtig diesem Humusboden primärer Geschichtserfahrung seiner Herkunftslandschaften.* Wer die

Geschichte der Südosteuropäer nicht kennt, deren säkulare seelische Verletzungen nicht bedenkt und die Folgen der hier nur angedeuteten Passionswege achtlos oder arrogant übersieht, der wird weder das Ausgangsereignis noch die Erkenntnisspezifika der Philosophie Ciorans begreifen können. Aus ihrer Weisheit bezog er die Tiefe seiner Vision von der historischen Vergeblichkeit, von hier aus rührte er an die dunkelsten Wurzeln humaner Leiderfahrung. Sein Denken in diesem Grenzbereich hat nichts mit dem modernen Nihilismus, mit dem sattsam proklamierenden Unbehagen an der Kultur, mit unserem Überdruss an den Winkelzügen der Dialektik oder des postmodernen Destruktivismus zu tun – dies sind par excellence westliche Vokabeln. Cioran bohrte tiefer und entwickelte die Konsequenz einer fundamentalen Seinserfahrung, die jederzeit an jedem Ort der Welt zur Realität des ins Extrem gedrängten Menschen werden kann. In dieser kühnen Nüchternheit der Cioranschen Aussage liegt daher nur vordergründig Negation, ihr Wille zur illusionslosen Erkenntnis ist entschieden affirmativ. Ihre scheinbaren Paradoxe – mit „mathematischer“ Bündigkeit vorgetragen, wie sein ebenfalls heimatabtrünniger Landsmann Nicholas Catanoy 1969 befand – erschließen sich bei ungetrübtem Hinsehen als Formeln der Illusionslosigkeit, die jenen des Existentialisten Sartre überlegen sind. „Den großen Völkern im Westen“, schrieb der Historiker und Buchautor Franz Hutterer 1999, „ist eine Denkart fremd, die kleine Völker und Minderheiten entwickeln müssen, um überleben zu können.“ –

Flüche werden im Südosten mit der Inbrunst von Gebeten gesprochen – abgewandelt gelte das auch für Europas Osten, hatte Dostojewskij notiert. Die Verfluchung birgt eine unverwechselbare Qualität der seelischen Entschlackung und Entlastung. Abschließend liefere ich Ihnen dazu den Kurzbericht über einen Vorfall, dessen Zeuge ich war:

Als im Jahr 1962 in einem kommunistischen Straflager an der unteren Donau die uniformierten Büttel des Regimes einen jungen politischen Häftling vor den Augen der Haftkameraden erschlagen und diese mit vorgehaltener Maschinenpistole bis zum Augenblick des Todes zuzusehen gezwungen hatten, saßen die entsetzten Männer danach in ihrer Baracke, ohne ein Wort hervorbringen zu können. Da begann einer der Häftlinge in die Totenstille hinein leise und eindringlich zu fluchen – wie im Selbstgespräch verfluchte er die Lage, in der wir uns befanden, er verfluchte Gott und alle Mütter der Erde, die jemals Menschen zur Welt gebracht hatten. Es war – wie in einem den letzten Dingen gewidmeten Gottesdienst – kein Atemhauch zu hören. Als er das „Amen" gesprochen hatte, ging unser befreites Aufatmen gleich einem Rauschen durch die Baracke. Nach und nach durch die minutenlange Fluchliturgie entlastet und erlöst, die in ihrer Ungeheuerlichkeit das Gegengewicht zum Mord geschaffen hatte, waren wir wieder in der Lage, uns in die Augen zu schauen und miteinander zu sprechen. Der Mann aber, der geflucht und den Fluch wie ein Gebet gesprochen hatte, war ein bei allen Häftlingen hoch geachteter älterer Priester … Allein der leidenschaftlich Gläubige, hatte Dostojeweskij in seinen Tagebüchern notiert, sei zur Inbrunst des Fluchs fähig.

*

Haben Sie Dank für das aufmerksame Zuhören. Und vielleicht entsinnen Sie sich bei künftigen Exegesen von Texten des nach Paris verschlagenen Südosteuropäers Émile Cioran im Licht beider hier vorgetragener Prämissen der Weisheit, die Ihnen dieser Mann vom geschichtsträchtigsten Rand und gleichzeitig aus dem ältesten Kulturraum unseres Kontinents übermittelte.

Mitteilung im Rahmen des
Internationalen Cioran-Symposions
Mai 2003, Hermannstadt

Drei mediterrane Bilder und Reflexionen

I. Die Vollendung der Landschaft

Hellenischer Baugenius und die Unverletzlichkeit der Natur

Sofern sie erhalten blieben, begegnen wir ihnen auf den Hängen über tiefblauen Buchten des Ionischen Meeres, auf weit in den leuchtenden Saronischen Golf hinausschwingenden Vorgebirgen oder inmitten hügelumlagerter arkadischer Senken. Sie sind aber auch in steinige Inselflanken des Ägäischen Meeres eingebettet, ragen einsam auf verkrusteten Höhen über dem Argolischen Golf oder beherrschen das übergrünte Schwemmland ineinander mündender Flüsse in Elis, wo der Wildwuchs zum Garten wurde mit Mandel- und Ölbaum, Platane, Feuerdom und Steineiche, Myrte, Hibiscus, Thymian und Tamariske. Aus dem Marmor oder dem harten Kalkstein ihres Standortbodens errichtet, auf Ägina, Santorin oder an den Südabhängen des Parnaß-Gebirges, in ihrer Helle selbst noch als verstümmelte Reste zwingend und unübersehbar, blieben sie in einem unmittelbaren Sinn dem Landstrich verbunden, aus dem sie wuchsen und dessen Licht sie umspült. Eines ist ihnen allen gemeinsam: Sie sind jedes Mal die Krönung der Landschaft, in der sie erbaut wurden, ja deren Schönheit wird eigentlich erst durch sie erfahrbar.

Die dorischen und ionischen Tempel, die Amphitheater und Sportstadien, die vor rund zweieinhalbtausend Jahren von hellenischen Baumeistern geschaffen wurden, zeichnen sich zunächst durch dies Merkmal für jedermann verständlich aus, ob in Phokis, Attika, auf dem Peloponnes, auf Kreta, Kos oder Delos. Jedes Mal begreifen sie sich zunächst als ein Ereignis, das der ästhetischen Erwägung vorausging: als Vollendung des landschaftlichen Willens, in dem die Gottheit lebt und in dem sie sich äußert. Diese Beseeltheit zu erkennen und in Kunstform zu fassen, um sie anschaulich zu machen – für hellenisches Daseinsbewußtsein gibt es kaum Bezeichnenderes.

Daher war denn auch in der Geschichte abendländischer Baukunst die verletzliche Natur kein zweites Mal behutsameren Händen anvertraut als bei den großen Iktinos, Polykleitos, Mnesekles, Phidias, Kallikrates. Denn keiner von ihnen verging sich an ihr. Keiner entstellte sie. Niemals stehen ihre Bauten am falschen Platz. Wie mögen attische, arkadische, äginetische oder kretische Landschaften ausgesehen haben, als solche Architektur in ihnen noch unversehrt lebte? Doch was die Erdbeben oder die Nachbarn oder die Perser stehenließen, fegten die Türken in jahrhundertelanger Besetzung hinweg. Tilgung des historischen Antlitzes eines Landes, das wie kein zweites in Europa und wie wenige andere in der ganzen Welt historisch zum Kulturbegriff wurde.

Wer Gerhart Hauptmanns oder Erhart Kästners Spuren aus dem Golf von Korinth durch den Ölhain von Krisa nordwärts über die Steilhänge und Abstürze des einst Apollon geweihten und als Sitz der Musen geltenden Parnaß-Gebirges bis nach Delphi hinauf folgt und dann von hier aus, von den Phädriaden – den „flammenden Felsen" –, vom Apollontempel, vom Dorischen Schatzhaus oder vom ältesten Rundbau der Antike, dem Tholos, über die Pieistosschlucht nach Südosten bis zu den Höhen des Helikon-Gebirges blickt, der wird etwas vom genialen Gespür für den gleichsam in der Landschaft enthaltenen architektonischen Wunsch ahnen. Nein, Landschaft nicht als Dekor für Tempelsäule, Theatermuschel oder Stadion, als romantisierendes Panorama und effektvoll genutzte Kulisse, vor die der Akteur „Architektur" in Solistenpose tritt, nicht die zur Stellwand deklassierte Natur! Dazu fehlten dem Hellenen der Zynismus, die Psychologie und das Raffinement der Dekadenz, die unser gebrochenes Verhältnis zur Natur kennzeichnet. Sondern Tempel, Theater und Stadion als Vokabel des an dieser Stelle der Natur innewohnenden Ausdrucksbedürfnisses. Es ist viel von kultischer Unausweichlichkeit in ihnen.

Erscheint anders denn die Lage des aus zwölf Sitzkeilen und 55 Sitzreihen mit 15.000 Plätzen zur Steinmuschel gefügten Theaters von Epidauros in den Kynortion-Hängen vorstellbar? Dem Blick über die Orchestra hinaus nach Nordosten auf die gestaffelten Rücken und in die lichtdurchfluteten Täler der Arachneon-Berge hinein prägt sich im ägäischen Mittagsglast, an den hellen argivischen Abenden und im Glanz der Mondnächte die Magie der Landschaftspräsenz auf: Atmen und Weben der Natur drängten einst in den künstlerischen Vorgang auf der Bühne hinein und wurden Teil von ihm. Das Gefühl einer Trennung in Kreatur und Schöpfung ist aufgehoben. Die Katharsis der Tragödie wird nicht mehr allein als menschlicher, sondern zugleich als kosmischer Akt spürbar. Der Schlußchor in Euripides' *Medea*: „Es vollenden die Götter, was keiner geahnt", sollte er je in dieser akustischen Wunderschale gesprochen worden sein, muß durch die kosmische Allgegenwart ungewöhnliche Seinserhellungen im Zuschauer bewirkt haben. Das Amphitheater von Epidauros ist also nicht nur ein Mirakel polykleitischer Bautechnik und -kunst, sondern ebenso eines der Einfühlsamkeit in den Willen der Landschaft – an keiner anderen Stelle war Epidauros möglich. Schon allein die Findung des Ortes war es, da dieser ja dem Ansinnen der Erfassung des Menschen in dessen Ganzheit dienen sollte.

Wiederholte es sich nicht im Theater von Pergamon in Westanatolien beim Blick aus dem riesenhaften, steil abfallenden Zuschauerbecken ins Tal des Selinos? Wohl bietet die nähere und weitere Umgebung in ihrer Vielgesichtigkeit beliebte Plätze an. Doch gibt es keinen Platz, von dem aus sich Geist und Gestalt der Landschaft in so suggestiver Konstellation mitteilen wie hier. Ist es anders bei den in weißem Marmor strahlenden schlanken Säulen des Poseidon-

Tempels über der Klippenkante des Kaps Sunion an der attischen Südspitze, die Homer nicht zufällig „das heilige Vorgebirge Athens" nannte? Stehen nicht auch sie an einem Ort der Verdichtung landschaftlicher Textur – hier des ins Blau der Ägäis hinausgreifenden Felsens –, in dem der Hellene mehr sah als nur Idylle: in dem er die Aufforderung der Gottheit zur kultischen Haltung empfand? Und erinnert daran nicht ebenso die dramatische Ausgesetztheit des 1130 Meter über dem Meeresspiegel liegenden Berggrates Bassai im peleponnesischen Kotilion-Massivs, auf dem sich der aus blaugrauem Hartkalkstein im fünften Jahrhundert von Iktinos erbaute Tempel des Apollon-Epikourios über die Abstürze des Likeon-Gebirges, über die berühmte Nedda-Schlucht erhebt? Nein, das Zwingende dieser hellenischen Stätten liegt nicht allein in der Ästhetik. Schon vorher war die südlich von Korinth ausgebreitete Talsenke Nemea – ein Paradiesgarten aus Wein- und Ölbergen, aus Steineichen-, Pistazien-, Mispel-, Oleander- und Granatapfelhängen – mit diesem pantheistischen Instinkt ausgewählt worden: Allein hier in dieser Bergumschlossenheit konnte der Zeus-Tempel mit dem heiligen Zypressenhain, mit Palästra, Stadion, Gästehaus und Theater stehen, wo alle zwei Jahre die Spiele des Herakles abgehalten wurden.

Aber der Höhepunkt solcher Ausschließlichkeit ist Olympia. Was dort am Zusammenfluß des Alpheios und Kladeos, zu Füßen des konischen Kronos-Hügels mit dem Heiligen Bezirk und dem Stadion an Genie des Ineinanderwirkens von Natur und Kultur glückte, blieb in der Antike einmalig. Die Stätte des Einsatzes athletischen Kampf- und Siegeswillens ist ins mildeste Aroma arkadischen Klimas eingebettet, ihre männlichste Begegnung trugen die Hellenen in der lieblichsten Landschaft aus, die sich vorstellen läßt. Der Gedanke des Friedens als eines der höchsten Güter des Menschen konnte in keiner anderen Landschaft der griechischen Antike in größerer Übereinstimmung mit der Natur ausgedrückt werden.

Die Synthese aus Sanftmut und Wildheit, aus Milde und Härte – Ideal eines vielgesichtigen Volkes, Wunschvorstellung apollinischer Gleichgewichtung seiner Kräfte. Sie entsprach der geistigen Orientierung der Hellenen in deren hoher Zeit: dem Maßhalten.

Und das Asklepios-Heiligtum auf der Kykladeninsel Kos? Der Aphaia-Tempel auf Ägina? Dazu Eleusis, Segest, Paestum? Und nicht zuletzt die Akropolis von Lindos, die Akropolis von Athen! Überall hier ereignet sich das gleiche: Nicht nur, daß keine dieser Bauanlagen die von der Gottheit allenthalben belebte Natur verletzt, sondern, mehr noch, ihre Architekten begriffen den Logos in der Natur und machten ihn mit ihren Bauten sichtbar.

So begann hellenische Baukunst, noch bevor die architektonische oder die ästhetische Erwägung einsetzte. Nie wieder seither war dies Baumeistern mit solcher Sicherheit möglich.

II. Chiffre einer Kultur

Gedanken eines Moschee-Besuchers in Córdoba

Als der arabische Freiherr Tarik Ibn Sijad, ein verwegener und selbstherrlicher Truppenführer von nordafrikanischer Herkunft, im Jahr 711 an der Spitze seines berberischen Heeres bei den Heraklessäulen aus Afrika nach Europa übersetzte und vor Jerez de la Frontera – nach anderen an der Laguna de la Janda – vernichtend wie der Blitz auf die Westgoten Roderichs niederbrach, stand die glanzvolle Epoche maurischer Kultur auf spanischem Boden vor ihrem Beginn. Das war fast genau achtzig Jahre nach Mohammeds siegreichem Einzug in Mekka, seiner Geburtsstadt, und dem Vollzug des Haddsch-Kults im heiligen Bezirk – des siebenmaligen Umschreitens des uralten arabischen Zentralheiligtums der Kaaba, die schon Abraham errichtet und dabei in deren Südostecke einen schwarzen Meteorit eingebaut haben soll.

Zwischen Mekka in Arabien und Cádiz in Andalusien hatten die Reiter des Propheten auf ihren Pferden in erstaunlichen Schlachten und Siegen über „die Ungerechten", denen Allah „wissend und weise schmerzliche Strafe bereitet"– wie es in der sechsundsiebzigsten Sure des Korans heißt –, viertausend Kilometer zurückgelegt und hundert Jahre nach den frühesten Religionsvisionen Mohammeds auf ihren Eroberungszügen aus Asien kommend über Afrika mit Europa den dritten Erdteil betreten. Ein unbändiger Glaubenselan hatte sie vorangetrieben und den Europäern nach Attila abermals in Erinnerung gerufen, zu welchen Leistungen asiatische Reiterheere in der Lage waren – rund fünfhundert Jahre vor den Reiter-Divisionen Dschingis-Khans, fast siebenhundert vor den Reiter-Armeen Timur-Lengs. Aber schon lange vorher, zwischen 264 und 241 v. Chr., im Ersten Punischen Krieg, hatten die schnellen Reiterhaufen der iranischen Parther den Römern eine so schmerzvolle Niederlage beigebracht, daß diese sofort an die Aufstellung, Ausbildung und den Einsatz eigener Kavallerieeinheiten gegangen waren. Ohne ihre Pferde, deren Rasse schon damals legendären Ruf genoß, wären Allahs Krieger nicht imstande gewesen, dem Sendungsauftrag des 632 in Medina verstorbenen letzten Propheten seit Adam, Abul Kasim Muhammad Ibn Abd Allah, wie er mit vollem Namen hieß, nachzukommen.

Doch war nicht auch Mohammeds immer noch sagenumwobener Ritt von Mekka nach Medina ein arabisches Reiterereignis *par excellence* gewesen? Es hatte sich in der südwestlichen Nachbarschaft jenes achaimenidischen, heute im Iran liegenden sechstausend Jahren alten Susa abgespielt, wo unter babylonischen und elamischen Schrifttafeln auch die älteste bisher bekannte Reiterdarstellung gefunden wurde – eine in Knochen geritzte fast fünftausend Jahre alte Zeichnung. Aus der Nähe der ehemaligen elamischen Hauptstadt Susa, aus dem Zweistromland stammt aber auch das älteste Schriftstück der Welt, dessen Text von Pferden berichtet;

es ist rund 4.000 Jahre alt. Im neuassyrischen Reich, im ersten Drittel des vorchristlichen Jahrtausends, gab es dann selbst im Sinne unserer Maßstäbe bis zur Fehlerlosigkeit durchdachte und erprobte Ausbildungsmethoden für Pferde. Und etwa aus der gleichen Zeit sind uns jene Erzählungen von Sabäern und Minäern überliefert, in denen das Pferd die handelnde Hauptgestalt, ja die alles beherrschende Idee ist. Als guter und weiser Geist, als Rächer und Beschützer der Gedemütigten, als königliche Erscheinung tritt uns das Pferd in ihnen entgegen, es entfesselt die Naturgewalten, besänftigt die tödlichen Wüstenstürme und trägt die schönsten Frauen und die furchtlosen Helden durch die Träume der Männer in den Zelten. Die von den orientalischen Rassen der „Turkmenen", der „Araber" oder der „Berber" stammenden Vollblüter über nicht genau datierbare lange Zeitspannen hinweg gezüchtet, gelten auch heute weltweit als die edelsten Vertreter ihrer Gattung. Auf ihnen hatten sich noch zu Lebzeiten Mohammeds, des „Gepriesenen", die kühnen, todesverachtenden islamischen Reiterheere wie der Sturmwind westwärts in Bewegung gesetzt, die zum Mythos wurden. Und ohne die intelligenten, schnellen und ausdauernden, von ihren Reitern als „königlich" apostrophierten Pferde ist die große arabische Geschichte und Kultur nicht denkbar. Über Jahrtausende nichtgezählter Geschlechterfolgen in weitgedehnten Wüstenregionen mit ihm als Reittier stärker als sonst irgendwo auf der Erde verwachsen, entwickelte hier der Mensch ein Verhältnis besonderer Gewichtung zum Pferd.

Graben sich historisch bestimmende Erinnerungen so tief ins Bewußtsein einer Kultur ein, daß sie sich auch in deren Kunst zu Formeln kristallisieren und als verbindliche Chiffren des Zugangs verselbständigen? Gibt es Symbol- oder Erinnerungszeichen eines Kulturgefühls, in denen sich dieses auf einen Blick faßlich ausdrückt?

„Nichts bringt uns", schrieb Jacob Burckhardt, „in so unmittelbare Berührung mit einer Kultur vergangener Zeiten wie ein Kunstwerk, das innerhalb dieser Kultur so etwas wie eine Mitte bezeichnet." Wenn das stimmt, was liegt dann näher, als bei den Arabern in den Epochen ihrer historischen Dynamisierung durch den jungen Islam eine Chiffre aus dem Bereich ihrer Verbindung mit dem Pferd anzunehmen? Bot sich bei ihnen und beginnend mit dem achten Jahrhundert in den iberischen Landschaften bei ihren sarazenischen oder maurischen Brüdern als die spezifische Chiffre ihres Daseins nicht das Bild des Pferdehufabdrucks oder -hufeisens an? Es war ihnen nicht nur im unmittelbaren Wortsinn aus der Natur ihres Lebens heraus auf Schritt und Tritt ständiger Begleiter und das Impressum, d. i. der Abdruck, den sie hinterließen, wo immer sie hinkamen, sondern empfahl sich durch die paradigmatische Klarheit seiner Form als ein ideales Grundzeichen bildnerischen Ausdrucksbedürfnisses. Über eine verwandte Form, den Kreis, merkte Leonardo da Vinci im *Trattato della pittura* eben dieser Klarheit wegen an: er, der Kreis, sei „göttlich". Auf alle Fälle scheint das Kunstgenie der Araber dies so begriffen zu haben. Denn wohl war die Bogenform des Pferdehufabdrucks z. B. schon in der Architektur der Westgoten auf spanischem Boden oder auch andernorts als oberer Portal- oder Fensterabschluß vorhanden, doch ändert das nichts daran, daß sie erst bei den Arabern zu einem kardinalen Ausdruckselement wurde.

Wer in der ehemaligen Kalifenstadt Córdoba, einst als Karta Tuba von den Phöniziern gegründet und später als Corduba von den Römern zur Hauptstadt ihrer Provinz Baetica gemacht, ehe sie zum westlichen Mekka und damit auch zum Kristallisationspunkt einer im übrigen mittelalterlichen Europa unerreichten Stadtkultur wurde, wer in dieser Stadt die 785 unter dem Omaijaden Abd ar-Rahman I. begonnene La Mezquita betritt, der begibt sich im Burckhardtschen Sinn ins Herzinnere eines Kunstwerks: in die

„Mitte“ maurischen Existenz-, Kultur- und Kunstgeistes. Und er wird als ersten Eindruck dieser seinerzeit in einer Stadt von 100.000 Gebäuden errichteten Moschee mit 856 Säulen, die erst 1236 zur plataresken und barocken Kathedrale umgebaut wurde, die Allgegenwärtigkeit des Pferdehufabdrucks oder Hufeisens als bestimmendes Signum des Interieurs empfangen.

Denn das Innere dieses Bauwerks, dessen „Geschlossenheit noch jeden überwältigt hat, der es zum ersten Mal betritt“, und in das neben römischen auch westgotische Kapitelle eingearbeitet sind, ist als Formensprache in beherrschendem Maße aus dem Hufabdruck des Pferdes abgeleitet. Er erscheint in den Bögen sämtlicher Teile des vielfach gegliederten Raums. Er ist nicht nur allenthalben präsent, sondern wird auch pausenlos variiert – bald mit immer neuerdachter Ornamentik in den aufgefächerten farbigen Stirnquadern der Bögen, bald ineinanderfließend und einander überschneidend als Bogenkreuzungen, dann wieder mit rhythmisch in Buchten aufgelöstem Innenbogen oder verdoppelt und verdreifacht. Aus der *einen* Chiffre heraus immer neu entwickelte Aussage – sie konnte in diesem Reichtum, in dieser Komplexität, in dieser nie endenden Liebe zum Grundmotiv „Hufeisen“ nur einer Kultur gelingen, die wie diese in ihrem geschichtlichen Dasein dem Pferd verbunden war und dessen Hufabdruck zur Kunstformel von klassischer Gestalt und Würde gerinnen ließ. Ein Monogramm, ein Erkennungsmal gleichsam – auf den einfachsten und klarsten Nenner gebrachtes Selbstbegreifen.

Aus dem im Dämmerlicht 856fach dunkelrot leuchtenden Jaspissäulenwald und den grün irisierenden geschliffenen Jaspisplatten, aus den hundert und aberhundert rotweißen Doppelbögen, dem zu verwirrender Ornamentfülle gefügten Alabaster, den Mosaiken und Arabesken, den vergoldeten Kapitellen und silbern schimmernden Marmorkuppeln, kurz, aus dieser Kunstwelt einer in souveräner Lebens- und Glaubensheiterkeit ohne alles Gewaltsame in sich selber gründenden Existenzstimmung tritt im Innern der Mezquita unentwegt die Hufeisenform von allen Seiten auf den Betrachter zu.

Aber sie überwölbt ja schon, sonnenhaft, den Eingang zum berühmten Mihrab mit der Muscheldecke, und sie bietet sich dem Blick auf die Capilla Real dar. Sie erstrahlt in akkordischer Lichtvielfalt über dem Nordportal, trägt hier auf übereinander getürmten Säulen die Kuppel der Villavicioasa-Kapelle und verflicht sich fünffach ineinander über dem al-Hakim-Tor der Westfassade.

Dies alles ist nicht mehr allein Kunst, sondern zugleich Philosophie von einer Reife, der Europa zu dem Zeitpunkt, als La Mezquita unter der Aufsicht sarazenischer Meister komponiert wurde, nichts Ebenbürtiges an die Seite zu stellen hatte. Denn die von Künstlern aus Arabien, Byzanz, Griechenland und Andalusien unentwegt abgewandelte Chiffre dieses Bauwerks – der Hufabdruck, das Hufeisen – muß auch jenseits der Ästhetik begriffen werden, will man über die Epochen hinweg den historischen Atem des Ereignisses verspüren. Wer sich der Magie der nie ruhenden, durch die Kuppeln und Bögen wandernden Licht- und Schattenflüsse im Säulenuniversum der Moschee überläßt, dem wird sich nach und nach unabweisbarer die Vision vom Wirbeln und Hämmern, vom Trommeln und Dröhnen der Pferdehufe aufdrängen, das die ausschwärmenden Heere einst Tag und Nacht begleitete. Er wird die Musik des unter dem Banner des Halbmonds durch die Sandwüsten des Orients und Afrikas und über die spanischen Hochländer rauschenden Galopps der Reiterarmeen hören – jener nach Europa geworfenen Söhne des Propheten, denen dieser Kontinent, wie Johann Gottfried Herder schrieb, „den ersten Funken einer wiederkommenden Kultur“ verdankt. Das alles erstarrte zum Bild und bewahrte sich im Bild auf in der Mezquita, in der vom Glanz arabischen Geistes und von den frühen Todesahnungen des Frederico García Lorca überhauchten Stadt Córdoba am Fuß der Sierra Morena, am Ufer des Guadalquivir.

Chiffre einer Kultur, wie sie in dieser Prägnanz vielleicht den Ägyptern in der Pyramide, den Chinesen im Drachen und den Hellenen in der Säule glückte.

III. Der Sizilianer mit dem Sarazenengesicht

Ettore Majorana, das Atom und die falschen Vermerke

Einer der Biographen, die sich seiner annahmen, notierte unter anderem: Er habe ausgesehen wie ein Sarazene – wie ein Araber jenes Schlags, den der Hohenstaufe Friedrich II., *stupor mundi*, das Staunen der Welt genannt, im 13. Jahrhundert auf Sizilien und in Apulien als fanatisch ergebene, in ihrer Treue und Zuverlässigkeit unerschütterliche Leibgarde um sich hatte: schmal, dunkel, verschlossen. Dazu war er hochgebildet, diszipliniert, genial. Er war in der Tat Sizilianer – und vielleicht gab es unter seinen Vorfahren einen Sarazenen, einen Araber. Wer weiß das schon auf der Insel am Südrand des Tyrrhenischen Meeres, bei deren Bewohnern sich bis heute römische, normannische, phönizische, etruskische, griechische, vorderasiatische Gesichter erhielten, aus denen der Kundige Geschichte herauszulesen vermag wie aus einem Buch? Er kam somit aus einer Landschaft, in der wie in kaum einer anderen Europas Völker und Rassen ihre lebendigen Spuren bis in unsere Tage hinterließen. Er lebte freilich nicht in frühen Jahrhunderten dramatischer Kämpfe um Sizilien, sondern im 20. Jahrhundert.

Er hieß Ettore Majorana. Und es wird berichtet, daß er seine Entdeckung in jenen Jahren machte, in denen Männer wie Albert Einstein, Werner Heisenberg, Hermann Oberth, Max Planck, Niels Bohr u. a. die ihren machten, über ihnen brüteten, sie ahnten, anregten oder einleiteten, das heißt im naturwissenschaftlich-technisch bewegten ersten Drittel des 20. Jahrhunderts.

Ettore Majorana hatte Ingenieurwissenschaften studiert. Den Lehrern war sein enormer analytisch-physikalischer Verstand aufgefallen. Nur den Aufmerksamen jedoch seine ebenso große Intuitionsgabe. Einige fragten sich verwundert, warum der seltsame Sizilianer mit dem dunklen Sarazenengesicht nicht Physik studierte. „Wie? Sie sind nicht Physiker?", fragte erstaunt auch jener Professor Enrico Fermi, vor dem Ettore Majorana eines Tages stand. Die Biographen sind sich nicht sicher, ob es 1932 oder 1933 war; Ettore Majorana war sechs-, siebenundzwanzig Jahre alt. Enrico Fermi, 1901 in Rom geboren, hatte 1926 eine Quantenstatistik begründet und sich 1929 der Kernphysik zugewandt. Später sollte er feststellen, daß der Neutronenbeschuß fast aller Elemente künstliche Radioaktivität hervorruft. Er baute in Chicago den ersten Kernreaktor, mit dem 1942 die kontrollierte, sich selber erhaltende Kernkettenreaktion gelang. Doch da war er längst Nobelpreisträger für Physik, ein Gebiet, von dem er mehr verstand als die meisten seiner Zeitgenossen.

Was Ettore Majorana dem Professor Enrico Fermi eröffnete, war solcherart, daß es dem berühmten Mann die Sprache verschlug, wie er selber berichtete. Dabei führte der junge Sizilianer gewissermaßen als Gesprächsunterlage nichts weiter als eine Zigarettenschachtel bei sich. In winzigen Ziffern und Zahlen hatte er auf die Rückseite einige Formeln notiert; er nannte sie dem Professor und warf dabei nur zweimal einen kurzen Blick auf die kleine weiße Schachtel. Sie waren lang, ungewohnt und verrückt. Und sie waren zu kompliziert, als daß Fermi sie sich auch nur annähernd hätte merken können. Doch er hatte bald begriffen, worum es ging.

Die Zigarettenschachtel soll Ettore Majorana nach Beendigung des Gesprächs vor Enrico Fermis Augen verbrannt haben. Nein!, wehrte er dabei energisch ab, von einer Veröffentlichung könne keine Rede sein! Eben davon nicht! Und er wollte auch davon nichts hören, daß Professor Enrico Fermi ihn beschwor: „Damit müssen Sie an die Öffentlichkeit gehen! Das sind Sie Italien, der Welt, der Wissenschaft schuldig!“, und ihm den Zugang zu den angesehensten wissenschaftlichen Periodika Europas in Aussicht stellte.

Enrico Fermi erzählte nach dem Vieraugengespräch mit Ettore Majorana einem Kollegen, niemals bis dahin sei ihm ein genialerer Physiker begegnet als dieser Sizilianer mit dem Gesicht eines Sarazenen. Auch niemals, fügte er kopfschüttelnd hinzu, ein Mensch von suggestiverer Unerbittlichkeit; sein: „Certo, non!“, klinge ihm immer noch in den Ohren: „Entschieden, nein!“

Schon bald darauf verlor Professor Enrico Fermi die Spur des Sizilianers Ettore Majorana; kein Fragen, kein Suchen half.

O ja, Ettore Majorana muß ein eigenartiger und eigenwilliger Mensch gewesen sein. Er tauchte eines Tages in Neapel auf, wo ihn Fermi nicht vermutete. Auf das Drängen von Freunden hin, die ihn verehrten und für ihn zu allem bereit waren, trat er wenig später eine unbeachtete Professur an. Er ließ sich weder in Fach- noch in geselligen Kreisen blicken, niemand wußte genau, was er während seiner Freizeit tat – und im März 1938 verbreitete sich die Nachricht, Ettore Majorana habe sich das Leben genommen.

Nichts, aber auch gar nichts von all den zahllosen Aufzeichnungen und Berechnungen in Heften, auf Notizblättern und losen Papieren sei gefunden worden, hieß es, die er, wie seine Freunde wußten, stapel- und haufenweise in seiner Wohnung herumliegen gehabt hatte. Kein Zettelchen, kein vergessenes Papierfetzchen, kein zufällig unter den Schreibtisch oder unter das Bett gerutschtes Blatt. Ja, mehr noch, niemals fand die Polizei, von den Freunden eingeschaltet, eine Spur des Selbstmörders. Sie suchte jahrelang, ehe sie aufgab. Nur ein Brief wurde gefunden, in einem weißen, länglichen Umschlag, angelehnt an den einzigen Blumentopf in der Wohnung, auf einem Fensterbrett. Unter den paar mit Geringfügigkeiten beschäftigten Anmerkungen fand sich der rätselhafte Satz: „Ich habe einen unabänderlichen Entschluß gefaßt; er enthält kein Körnchen Selbstsucht."

Die Familie, die Verwandten, die Freunde waren untröstlich. Der stille, immer höfliche und hilfsbereite junge Mann war bei allen beliebt und geachtet gewesen. Die Suche nach ihm wurde ausgeweitet. Niemals hörten die Nachforschungen auf. Doch Ettore Majorana blieb verschwunden.

Jahrzehntelang wurde er gesucht, denn immer fanden sich Menschen, die entweder selber mit neuen Ideen die Fahndungen wiederaufnahmen oder andere zu solchen anregten. Ihnen sind die letzten Nachrichten im Fall Ettore Majorana zu verdanken. Vielfach überprüft, gelten sie als zuverlässig. Sizilien, das Land ältester neolithischer Kulturen, in vieltausendjähriger Geschichte fast pausenlos umkämpft, von Kriegen und anderen Schrecknissen überzogen, von Tyrannen, Usurpatoren und Eroberern beherrscht und ausgeplündert, selten aufatmend im Glück ruhiger Lebensverhältnisse, ist ein Land des Schweigens, der *Omertà* – bis in unsere Tage. Es war schwer, in diesem Land Informationen über den sizilianischen Schweiger Ettore Majorana zu erfragen. Sie lauten zusammengefaßt:

Im März des Jahres 1938 trat durch die Pforte eines Jesuitenklosters auf Sizilien ein etwas über dreißig Jahre alter Mann. Er trug keine Personalpapiere bei sich, war nicht bereit, seinen Namen zu nennen, Auskunft über Herkommen, Familie und Vergangenheit zu geben. Das alte Kloster steht in einer jener typischen sizilianischen Landschaften, die mit der Kargheit und Strenge ihrer steinigen, trockenen Hochebenen und Bergketten das Gefühl grenzenloser Einsamkeit suggerieren. Der Mann bat um Aufnahme in das Kloster. Er erhielt sie nach einem langen Gespräch mit dem Klostervorsteher. Er starb nach rund vier Jahrzehnten Klosterlebens als namenloser Mönch. Er hatte einst Ettore Majorana geheißen.

Was Ettore Majorana im Jahr 1932 oder 1933 in einem Raum der damals 630 Jahre alten *Università di Roma* dem Professor Enrico Fermi auf der Rückseite einer Zigarettenschachtel gezeigt und danach knapp, präzise und unwiderlegbar erläutert hatte, waren die von ihm gefundenen Formeln, die im Atomkern Protonen und Neutronen feststellen: Er hielt die theoretische Handhabe zum Bau der Atombombe zwischen Daumen und Zeigefinger. Das bedeutet, Ettore Majorana wäre schon vor Werner Heisenberg in der Lage gewesen, die Atombombe zu definieren und herzustellen, die Albert Einstein Ende der dreißiger Jahre den US-Präsidenten Franklin Delano Roosevelt zu bauen drängen sollte. Ausmaß und Folgen seiner Entdeckung jedoch, schreiben die Biographen, seien ihm, Majorana, mit jenem unüberwindbaren „Schrecken des Gewissens" bewußt gewesen, von dem Friedrich Schiller rund 150 Jahre vorher in *Don Carlos* den jungen Kronprinzen hatte sprechen lassen. Und daher vernichtete Majorana, den man einmal „den menschlichsten aller Sizilianer" genannt hat, bis zum letzten Zettelchen alles, was den Weg zur Bombe hätte weisen können. Und er löschte darüber hinaus sich selber als einen der großen Entdecker des 20. Jahrhunderts aus. Die uralte sizilianische Selbstdisziplinierung zum Schweigen machte es ihm, dem Mann mit dem Sarazenengesicht, möglich.

Der Zisterzienserabt Bernhard von Clairvaux, der achthundert Jahre vor Ettore Majorana lebte, schrieb in seinem Hauptwerk *De consideratione* den Satz: „Viele vergessen über dem Wissen das Gewissen." Gegen Ende seines sechsundsiebzigjährigen Lebens notierte der Mann, der mit der Begründung der Relativitätstheorie die Anschauungen von Raum und Zeit revolutioniert und dem US-amerikanischen Präsidenten den Einsatz der Bombe empfohlen hatte, Albert Einstein, selbstanklägerisch: „Die Atombombe ist der ungeheuerlichste Irrtum der modernen Wissenschaft."

Ettore Majorana hat in den Lexika und Enzyklopädien kein Stichwort. Allein unter „Majorana-Kraft", ein Begriff aus der phänomenologischen Theorie der Kernkräfte, ist er gelegentlich zu finden – mit einer kargen Anmerkung: „Nach dem italien. Physiker E. Majorana." Als Todesjahr des E. Majorana ist „1938" angegeben – dahinter steht, freilich in Klammern, ein Fragezeichen. Um vieles, um sehr vieles weniger bedeutende Physiker sind mit ausführlichem Text verzeichnet.

Wir vermerken, so scheint's, trotz allem immer noch und immer wieder mit Hartnäckigkeit bevorzugt die Falschen.

In „Rhein-Neckar-Zeitung", Heidelberg;
28./29.05.1985, 28./29.06.1985
und 08./09. 1986

Stationen einer persönlichen Annäherung

Über die Lyrikerin Ana Blandiana

I.

Die beiden Autoren, deren neueste Texte ich nach meiner Verlegung aus dem kommunistischen Zwangsarbeitslager Luciu Giurgeni an der unteren Donau in den Verbannungsort Valea Călămaţui im östlichen Bărăgan im Spätherbst 1962 zu Gesicht bekam, waren der einstige Klausenburger Philosophieprofessor Lucian Blaga (1895–1961) und die drei Jahre nach Blagas Tod an der Klausenburger Universität inskribierte Otilia Valeria Coman (*1942), die als Ana Blandiana in die Literaturgeschichte einging. In die Zeit zwischen der Lektüre der *Faust*-Übersetzung Blagas – die mir ein nach vierzehn Gefängnisjahren ebenfalls in den Bărăgan verbannter Freund, Fürst Alexander Ghika (1923–1970), mit der Frage in die Hand gedrückt hatte, wie ich *Gretchens Spinnlied* in der rumänischen Fassung fände? –, und den frühen Blandiana-Gedichten, auf die mich der ehemalige Bukarester Großindustrielle Emil Agalide (1899–1970) hinwies, auch er nach zwölf Haftjahren verbannt, fiel die Lektüre der Untersuchung *Die Struktur der modernen Lyrik* von Hugo Friedrich; sie war wie Blagas Übersetzung 1955 erschienen, mir aus München auf Schleichwegen ins Steppennest geschickt und dort in der gleichen Zeitspanne wie die *Faust*-Übersetzung und die in einer Literaturzeitschrift erschienenen Blandiana-Gedichte zum geistigen Erlebnis geworden.

Aus der Distanz der Jahre gesehen, erscheinen mir die Koinzidenz und Konstellation Blaga–Friedrich–Blandiana in meiner Lage während der Jahre im Zwangsaufenthalt 1962–1964 zwingend. Das heißt, die exzellente Darlegung des Freiburger Romanisten über Zusammenhänge der inneren und äußeren Gliederung, der Identität von Form- und Wesensverständnis, der imaginären Ausgänge eines Gedichtes als Kulturinformation, legte mir den Gedanken einer Prüfung meiner Vermutung über die unterschwellige Verwandtschaft der Blaga- mit der Blandiana-Lyrik nahe. Blagas dichterischen Duktus aus der Zeit vor der Verhaftung, 1959, noch lebhaft im Ohr, und angeregt von seiner genialen Übersetzung, besorgte ich mir durch den dreiundsechzigjährigen Agalide Blaga-Texte und vertiefte mich in sie. Gibt es die Verbindung zwischen ihrem spirituellen Tonfall und der mir neuen poetischen und metaphorischen Gedichtewelt der Blandiana? Drängt es sich bei genauem Hinsehen und Hinhören nicht sogar auf, diese als „organische" Fortsetzung der Mysterienlyrik Blagas zu begreifen, vorgetragen mit modernen Ausdrucksmitteln und gespeist von der Thematik der fundamental gewandelten Epoche?

Zeitpunkt und Umstände waren glücklich. Ausgehungert nach Jahren erzwungener Lektüreabstinenz in Kerkerzellen und mörderischen Arbeitslagern, Bleiminen und schwerbewachten Inselbaracken, reagierte ich mit fast neurotischer Wachheit auf die innere dichterische Sprachintonation beider – entschieden empfänglicher dafür, als es inmitten ehemals üblicher oder künftiger Lektüremengen möglich gewesen wäre. Hinzu kam Hugo Friedrichs außerordentliche analytische Luzidität – sie machte mir zusätzlich zur emotionalen Dimension die erahnte Gemeinsamkeit der reifen Sprach- und Bildmagie Blagas mit den erregenden Frühwürfen der zwanzigjährigen Blandiana auch rational bewusst: Hier sind nach meinem Dafürhalten bei zwei Dichtern desselben nationalen Kulturkreises tradierte Spezifika des Weltverständnisses wirksam, zwar im Abstand zweier Generationen mit der jeweils epochentypischen Diktion, doch im Geist unveränderter Archetopoi eines in jedem ihrer Gedichte gleicherweise fast vegetativ sich entfaltenden Aussage- und

Gestaltungsdrangs. Beide Male mit ästhetischem Raffinement bis zum Letzten ausgereizt. Auf diese Weise erhielt meine Bekanntschaft mit dem Gedicht der Ana Blandiana *a priori* die besondere Note.

Ein übriger Umstand trug wesentlich dazu bei. Die Schikanen, Demütigungen und Erniedrigungen Lucian Blagas durch die kommunistischen Repressionsmechanismen hatten mich in der Ablehnung des diktatorischen Eingriffs in unser Leben und Denken bestärkt – Folge unter anderem auch der Anteilnahme an Blagas Schicksal Anfang der 1950er Jahre in Klausenburg und erregender Gesprächsbegegnungen mit ihm in der Wohnung auf der „Postwiese" seines Kronstädter Intimus Dumitru Gherghinescu-Vania (1900–1971), mit dem ich freundschaftlich verkehrte; Rechtsanwalt und Schriftsteller, war Gherghinescu-Vania mit der schönen Domnița verheiratet, die nach jahrelanger intimer Verbindung mit dem Erneuerer der rumänischen Dichtungssprache Tudor Arghezi (1880–1967) ein Verhältnis mit Blaga hatte; die Freundschaft war erhalten geblieben, Blaga verkehrte im Haus. Die Entdeckung nun, dass in der Poesie der jungen Ana Blandiana jener Rebellengeist lebte, der sie ebenso wie mich das Regime als unerträglich empfinden ließ – was ich 1957 mit Konsequenzen auch literarisch zum Ausdruck gebracht hatte: in der Erzählung *Fürst und Lautenschläger*, die zum Anlass der Bekanntschaft mit Gherghinescu-Vania geworden war –, näherte mich ihr im Geist erst recht an. Dass Blandianas 1959 erschienenes Gedicht *Originalität* eine Denunziation und mehrjähriges Veröffentlichungsverbot nach sich gezogen und ihr Vater, wie meiner, kommunistische Gefängnisse kennen gelernt hatte, bestärkte mich darin. 1959 war auch das Jahr meiner dritten Verurteilung; Blaga war im Monat meiner Einlieferung ins unterirdische *Fort Nr. 13 Jilava*, Juni 1961, gestorben.

Meine starke Zuneigung zu Lucian Blagas dichterischem Werk hatte mir den Weg zum Gedicht der Ana Blandiana geebnet. Insofern ist in meinem Gefühl die Affinität zwischen den beiden bis heute Bestandteil meiner Neugierde am Werk Blandianas. Die Lyrik dieser Frau, das wurde mir sehr bald klar, war und bleibt bei aller tief wurzelnden – und hierin Blaga verwandten – Treue zu mythisch wahrgenommener Überlieferung und geschichtlich gewachsener spiritueller Herkunft ein permanenter rebellischer Akt der Absage. Ich komme darauf zurück.

II.

In dem scheinbaren Widerspruch liegen aus meiner Sicht nicht nur Faszination und innere Spannung des gesamten Blandiana-Werks, sondern auch dessen Ursprung und Quelle. Die Neigung zum Aufbegehren kommt hier aus tieferen Bereichen als jenen des vordergründigen Opponierens *in politicis*. Sie war daher auch im Verständnis der kommunistischen Machthaber gefährlicher. Sie blieb es bis heute. Ana Blandiana lebt, wie Joachim Fest im Lebensrückblick *Ich nicht*, 2006, für sich festhielt, im Grunde immer in der Opposition, im Widerspruch zum Zeitgeist – den „Stolz auf die Abweichung" nannte Fest es, „die Verweigerung der [...] Zeitstimmung".

Zu den teils literarischen, teils außerliterarischen Annäherungselementen, die mich auch aus dem Existenzgefühl jenes „anarchischen Freiheitsverlangens" heraus zur ebenso sporadischen wie kontinuierlichen Beschäftigung mit Blandiana-Texten veranlassen, von dem Ernst Jünger sprach, kommen Koinzidenzen hinzu, deren scheinbare Beliebigkeit mich nicht hindert, sie in diesem Zusammenhang zu sehen.

Sechs Jahre nach meiner ersten Begegnung mit Ana-Blandiana-Gedichten hielten wir uns beide – ohne voneinander zu wissen – im Mai 1968 zur Zeit der französischen Studentenproteste als deren Zeugen in Paris auf. Blandiana war vom Pariser Theater der Nationen zu einer Literaturlesung eingeladen worden, ich verbrachte – im März davor aus Rumänien emigriert – als Gast der ehemals in Bukarest unter dem Pseudonym Ana Novac (*1930) mit erfolgreichen Bühnenstücken zu Ansehen gekommenen Zimra Míro einige Tage in Paris – der ersten Frau des aus Hermannstadt stammenden Erzählers Paul Schuster (1930–2004). Die Tumulte der gegen die Innenpolitik Charles de Gaulles aufmüpfigen Jungen, denen der Ministerpräsident Georges Pompidou aus einem Fenster des Elysée-Palastes höhnisch zurief: „Geht nach Hause, ich mache euch alle zu Referendaren!", erlebte ich ebenso aus der Nähe wie die sechsundzwanzigjährige Blandiana. Und im August desselben Jahres stand ich eingekeilt in der aufgebrachten Menschenmenge auf dem großen Platz vor dem einstigen Bukarester Königsschloss und hörte ungläubig, wie alle anderen, die an die Adresse des Kremls gerichtete, alle Welt in Erstaunen versetzende Weigerung Nicolae Ceauşescus, Truppen in die ČSSR Alexander Dubčeks zu entsenden: „Wir werden nicht nach Prag marschieren!" Jahre später erfuhr ich, dass Ana Blandiana sich in der Nähe aufgehalten hatte.

Doch erst im Juli des Jahres 2000 lernten wir uns kennen – im nordrumänischen Städtchen Sighet, wo Ana Blandiana gemeinsam mit ihrem Mann Romulus Rusan (*1935), mit dem sie seit 1960 verheiratet ist, und mit anderen Gesinnungsgefährten 1992 die *Gedenkstätte für die Opfer des Kommunismus und der Résistance* aufzubauen und 1989 die weithin Aufsehen erregenden politischen Sommerkurse für Jugendliche abzuhalten begonnen hatte. Der Augenblick unserer Bekanntschaft war die beiderseitige Bestätigung einer seit langem bestehenden Beziehung.

Diese hatte zwei Jahre vorher eine Intensivierung erfahren: Blandianas Ehemann, der Publizist Romulus Rusan – bis 2000 persönlich mir ebenso wenig bekannt wie sie – hatte am 18. Mai 1998 in der Bukarester Zeitung „România liberă" eine Würdigung meines wenig vorher verstorbenen Bruders, des Dirigenten Erich Bergel (1930–1998), veröffentlicht, deren mitfühlender Ton die geistige Bruderschaft mit dem ihm lediglich auf dem Konzertpodium Bekannten beschwor. Daher zähle ich Rusans Text zu den Momenten meiner Annäherung an die Dichterin. Dies alles erklärt es auch, dass mir Ana Blandiana im Jahr 2000 die Ehrenmitgliedschaft der 1994 von ihr und Rusan gegründeten und seither von ihr präsidierten *Academia Civică* mit der Geste einer uns beiden seit langem bewussten Vertrautheit und Solidarität verlieh.

III.

Drei Aspekte vor allem fesseln mich am Blandiana-Gedicht. Den einen fasse ich in die Erkenntnis zusammen, dass die Grundbefindlichkeit des poetischen Impulses, der Ana Blandiana immer wieder zu Momenten großer Dichtung befähigt, *par excellence* dem Bereich des Magischen angehört.

Ich meine die Magie, die alles Natürliche – Vegetative, Kreatürliche, ontologisch Umschreibbare, alles Elementare – auf sie ausübt. Ihr Sensorium, es aufzunehmen, scheint unbegrenzt zu sein. Ja, sie erweckt gelegentlich den Eindruck, sich ihm in exhibitionistischer Vorbehaltlosigkeit, wenn nicht gar Begierde hingeben zu müssen: Die Dichterin wird zum Blatt, zur Pflanze, zum Stein, zum Wasser, zum Samenkorn. „Geschichte", schreibt sie, sei „schwächer und sinnloser als ein Halm", aber „alles Natürliche ist ein Geheimnis". „Wir, die Pflanzen", beginnt ein Gedicht; „Abhängig von Sonne, Wolken und Schatten,/abhängig von Blättern und Blumen", lauten die beiden Anfangszeilen eines anderen, oder „Es schneit im Zorn,/hasserfüllt fällt der Schnee", gibt sie in einem Gedichtanfang ihr Gefühl vom Fallen des Schnees in einer unmittelbaren Betroffenheit preis, als sei sie dessen Teil. Dann wieder fragt sie eröffnend: „Ist die Blume frei,/der die Zeit genau bestimmt wird,/wann sie sich öffnen,/wann sie verwelken soll?" – sie fragt es nicht mit dem Blick des philosophierenden Naturwissenschaftlers, sondern im Tonfall der existenziellen Dazugehörigkeit.

Wenn Ana Blandiana zu einem Gedicht mit den Zeilen ansetzt: „Ich bin schlafensmüde/wie die Früchte im Herbst", dann ist damit die gleiche Ursehnsucht nach der Einheit von Schöpfer und Geschöpf ausgesprochen, das gleiche Urverlangen nach dem Aufgehen in der ewigen Genesis, das den Sizilianer Empedokles in Hölderlins Deutung die Vereinigung mit dem Kosmos suchen ließ. Es drückt sich auch in einem Gedichtbeginn wie dem folgenden aus: „Meine Stirn ist ein Stein,/über den die Wogen von Ebbe und Flut kommen und gehen“, oder in den Eingangszeilen des Gedichtes *Omphalos*: „Ein Stein ist ein Gott,/der sich langsam bewegt.“ Mit den „Vogelseelen, die/mir im Schlaf entfliegen“, meint sie das Gleiche wie mit „Meinen silbernen Knochen,/um die sich lange Sonnenbahnen spinnen“, oder mit dem Bild: „Als hätten sie die Blätter verloren,/schwanken meine Arme im Wind.“ Empedokleisch mutet auch die Erkenntnis an: „Nichts ist mir näher verwandt/als das Meer“, noch mehr die drei Schlusszeilen: „ … und wie ein Lid/verschloss die See/ihr Aug, in dem ich wartete.“ Wie überhaupt die bald leise angedeutete, bald auftrumpfend unverhohlene Hinwendung zu Mythos und Philosophie der Hellenen nicht selten den inhaltlichen Bewegungsraum und das Vokabular ihres Gedichtes bestimmen. Wenn Empedokles in allen Vorgängen zwei Ursprungskräfte am Werk sieht – Liebe und Hass –, dann darf darin zugleich eine Grundformel der Gedichtkonzeption der Ana Blandiana verstanden werden. „… unbegreifliche Mutter, die/in den Schafen Opferlämmer züchtet/und aus Leiden die Liebe“, dichtet sie; „gerettet allein durch die Liebe“ heißt es an anderer Stelle. Aber „Gib mir anstelle der Trauer den Hass“, zürnt sie und rügt die mönchischen Einsiedler, weil „sie zu hassen längst vergaßen“. Sogar als „Liebeshass“ erscheint das Gegensatzpaar, das sie der Natur „verbindet“. In diesem Zusammenhang ließe sich einiges zu Platons Eros im Werk der Blandiana anmerken.

Doch dieses alles ist zunächst Ausdruck des archaischen Daseinsgefühls eines Volkes, dessen Verhältnis zu allem, was Natur in unreflektierter Präsenz darstellt, Lebensinhalt und -orientierung bedeutet; der Niederschlag davon findet sich in der gesamten reichen Volksdichtung und ebenso in den Texten herausragender Autoren wie Mihai Eminescu (1850–1889), Octavian Goga (1881–1938), Lucian Blaga u. a. Es handelt sich dabei um eine grundsätzlich andere Sichtweise der Natur als etwa die der deutschen Romantiker, für die Natur ein Betrachtungsobjekt der Entzückung, der bewussten Empfindungsstimulanzien und deren Regenerierung war. Der poetische Geist der Ana Blandiana indessen entzündet sich nicht am Gegenstand Natur, die Dichterin *ist* dieser Gegenstand. So erscheint das Folgende als zwangsläufige Konsequenz:

„Ich glaube, wir sind ein Pflanzenvolk", lautet die erste Zeile jenes berühmten Gedichts, das 1984 zum Publikationsinterdikt, zum Verbot des Periodikums „Amfiteatru" und zur sofortigen Entlassung des verantwortlichen Redakteurs durch höchststaatliche Verfügung geführt hatte, weil die Schlussfolgerung des Dreizehnzeilers die lapidare wie fulminante Bankrotterklärung der passiven Nation und gleichzeitig den verzweifelt-resignierten Aufruf zum Aufbegehren gegen deren Diktatoren enthielt: „Ich glaube, wir sind ein Pflanzenvolk –/wer sah je/einen Baum in der Revolte?" Ähnlich klingen alle Verse des Aufbegehrens gegen die Diktatur, die zu schreiben Ana Blandiana ehemals den fast erschreckenden Mut hatte – es sind nicht wenige. Es war ein Aufbegehren nicht nur aus vordergründiger, politisch motivierter Unzufriedenheit heraus, sondern aus der Substanz einer historisch angelegten kollektiven Daseinsstimmung. Es bedarf der Erklärung: So sehr die poetische Vision der Ana Blandiana von „einer fundamentalen Abneigung gegen jegliche Disharmonie" bestimmt wird (Al. Cistelecan), so angriffsbereit reagiert sie gegebenenfalls gegen die Statik des Bestehenden. Aber die fast allergische Bereitschaft zur Widerspenstigkeit rührt von der Enttäuschung und dem Zorn darüber, dass bewährtes Maß verletzt wird: Ihr Lebensverständnis wurzelt in der profunden Überzeugung von der Notwendigkeit des in der Schöpfung vorgegebenen Harmonieprinzips, ohne das die Dinge keinen Bestand haben. Sie spricht von „der letzten Ausgewogenheit" und davon, dass „das vollkommene Gleichgewicht,/das zwischen der Welt/und der Seele mir ruht", nicht zerbrechen darf. Der Affekt der Auflehnung gegen die Gefährdung dieses Prinzips ist nicht unterdrückbar. So tritt sie politischem Diktat nicht aus ideologisch formulierbarer Animosität entgegen, die Ablehnung entwächst bei ihr vielmehr Tiefenschichten eines naturhaft empfundenen Bedürfnisses nach organisch gewachsener Ausgewogenheit, die sie nicht zuletzt durch die Diktatur bedroht sieht. Immer beherrscht sie die Angst, die Schöpfung und darin der Mensch könnten Maß und Gleichgewicht ihres Verhältnisses verlieren und sie selber könnte substanziell davon betroffen sein, so wie sie es im Gedicht *Beweise* aufzeichnete: „Gesteinigte Engel,/noch stark genug,/im Himmel zu verbleiben,/ erbitten verwundet/und todmüde Gastfreundschaft von mir,/und während sie noch zaghaft flattern,/entschlafen demütig und zerbrechlich/sie in meinen Heften/und ziehen sich, sooft sie frösteln,/dann und wann im Schlummer/eine weiße Seite über ihre Flügel./Am Morgen bin ich sicher,/nicht geträumt zu haben,/wenn ich den Abdruck des Gefieders/auf den Blättern sehe,/und eile, ihn mir einzuprägen,/noch eh uns neue Gattungen von Raubvögeln/ verordnet werden."

IV.

Doch poetischer Initialimpuls ist auch die Magie des Gedankens – die Wirkung, die von der Möglichkeit präzisen Vernunftgebrauchs auf sie ausstrahlt. Dies der zweite Aspekt.

Programmatisch für das Unbedingte der Hingabe an die philosophisch grüblerische, ja hartnäckig wühlerische Komponente ihres poetischen Instrumentariums erscheint mir dieser Gedichtbeginn: „Was ich nicht verstehe,/tötet mich." In dem Gedicht heißt es dann weiter: „… auch nicht im Jenseits/kann einer leben, ohne zu verstehen." Das bohrende Fragen, das Blandianas geistiges Erscheinungsbild zusätzlich ausmacht, ist gemeint, und das heißt hier: das Erspüren- und Gestaltenwollen selbst der letzten Vibration, der Wille zu äußerster Konsequenz im Zugriff auf das avisierte Thema bei gleichzeitiger Sparsamkeit der verwendeten Mittel. Es ist kein Zufall, dass viele Blandiana-Gedichte aus einem einzigen Satz bestehen. Als Beispiel für die Energie dieses formalen Willens das kurze Gedicht *Piața Buzești* (Busèscht-Platz): „Lass doch, Herr, den Hund und das Kind/beißen vom selben Stück Brot/aus demselben Haufen Abfall/und Dreck/unter der sengenden Sonne,/in der sie umschlungen/einschlafen mögen, versöhnt/mit der auf das Brotstück beschränkten Welt,/in dem noch die/Zähne des Engels zu sehen sind." Das steht wie in Sprache gemeißelt vor dem Leser. Genauigkeit, Logik, Transparenz der Architektur, Gipfelung in der Pointe sind die Hauptmerkmale der Gedichtkonzeption – trotz aller fallweisen Satzverwerfungen, Bildervariationen, metaphorischen Eigenwilligkeiten und unerwarteten Wendungen. Wenn nach einem Wort Goethes in den *Maximen und Reflexionen* das „Lyrische im ganzen sehr vernünftig, im Einzelnen ein bisschen unvernünftig sein muss", dann gilt diese Beobachtung auf das Genaueste für das Blandiana-Gedicht: Die Disziplin des Formwillens meistert die Fülle und Vielgesichtigkeit der inhaltlichen Details.

An dieser Stelle wird das lateinische Kulturerbe im Naturell der Dichterin sichtbar: jener Wunsch und jenes unbedingte Streben nach *lucidité* und *clarté*, die nicht erst seit Caesar und Vergil das Stilideal in Lyrik und Prosa der romanischen Literaturen bezeichnen. Die Strukturhelligkeit ihrer lyrischen Gebilde verleiht den Inhalten von häufig philosophischer Melancholie oder gar Resignation: dem Pessimismus im schopenhauerschen Sinn die Erträglichkeit. Das Unpathetische im Tragischen zeichnet sie aus, die Distanz zu jeglicher affektierten Originalitätsmanie und zu allem intellektualistisch parfümierten modischen Zynismus, in dem sich die von Epigonen überbevölkerte Lyrik unserer Tage gefällt. Der bemerkenswert reduzierte Wortfundus und der Ernst der Aussageabsicht sichern den Impetus der lyrischen Unmittelbarkeit über den Tag hinaus. Kurz, das ästhetische Vorhaben, jedes Gedichtsubjekt sprachlich bis zur „Bestimmtheit einer mathematischen Formel" zu disziplinieren, wie Ernst Jünger es forderte, verleiht den reifen Versen dieser großen Dichterin die ungewöhnlich eindringliche Wirkung.

Dazu trägt, *last but not least*, die spezifische Sanglichkeit der Sprache Blandianas bei, die weiche, immer stimmige Melodie, deren geschmeidiger, von den Vokalfolgen bestimmter Fluss zu den Charakteristika ihrer Lyrik gehört – ein sehr bewusst wahrgenommenes Mittel ihres schriftstellerischen Rüstzeugs. Auch hier beleuchtet eine Anmerkung Jüngers den Anspruch. „Ein logisch richtiger Satz ist für mich unbedeutend", schrieb er 1944, „wenn er nicht auch in den Vokalen stimmt."

Vor allem aber dies näherte mich der Lyrik Ana Blandianas an: Jedes ihrer Gedichte ist ein nachdenklicher, oft tiefsinniger Blick auf die Welt – auf ihren Zustand, ihre Zukunft, ihre Gefährdung und Gebrechlichkeit im kleistischen Sinn.

V.

Zwingend gehört schließlich der Tod ebenso zu Blandianas Sinnenbegierde nach Identifikation mit den Geschöpfen ihrer Verse – den Ideen, Gefühlen, Ängsten, den Pflanzen, Himmeln, Meeren und apodiktischen Sentenzen – wie zur Eindringlichkeit ihres Bedürfnisses nach gedanklicher Durchdringung der Welt. In seiner Thematisierung erkenne ich die dritte Initiationskraft des Dichtertums dieser Frau. Es ist die Haltung der Ernsthaftigkeit im Umgang mit den Dingen, der Abneigung gegen alle unverbindliche Verspieltheit im Umgang mit sich selber und mit der Welt.

Der Tod ist integraler Teil ihres lyrischen Universums: Emotionale Ausschließlichkeit und zugleich rationale Folgerichtigkeit führen gleichermaßen zwangsläufig zu ihm hin. Er ist die unverrückbare Größe inmitten der Wasser-, Schnee-, Samen-, Blätter- und Lichtgedichte wie der Verse über Apollo, die Pietà, Hölderlin, das Absurde, die Generationen oder das Schachspiel. In allem ist er „enthalten“: „Von Anbeginn brachte der Wind/dich wie ein Samenkorn./Ich scherzte: ‚Wer schon sah/einen Stern mir zugeweht vom Wind?‘/Doch später,/als du dich niederließest auf meiner Stirn/und anfingst zu keimen,/begriff ich, *dass* du ein Samenkorn bist:/Gierig, mir wild ins Hirn gerammt/mit harten Strahlen,/die sich für Wurzeln halten,/bist du ein Samenkorn./Wie schade,/dass die Pflanze, die du –/Licht um Licht – gebärst,/erst zu sehen ist,/wenn ich umdunkelt sein werde.“ Auch im außerordentlichen *Hölderlin*-Gedicht kulminiert die lyrische Komposition im packenden Bild des aus dem Dichter Hölderlin und dem Schreiner Zimmer bestehenden, ins Unbekannte reitenden Paares: „… wenn aus dem hellen Gewässer des Gemachs/sie miteinander treten/und sich gemeinsam auf ergrauten Wahnsinnsrossen/hineinbegeben in die Finsternis.“

Es ist erstaunlich, wie fraglos Ana Blandiana den Tod in den Kosmos ihrer lyrischen Ich- und Welterkundungsentwürfe einbezieht. Das ist nicht Heideggers Dasein als Sein zum Tode hin, schon gar nicht Jean Paul Sartres Widersinn des Lebens wie des Todes. Es ist auch nicht Platons Befreiung der Seele vom Körper und weit entfernt von Descartes' Vorstellung des Todes als einer Funktionsstörung des Körperapparates oder Blochs bewusster Weg ins Nichts usw. Vielmehr hebt Blandiana die Grenze zwischen Leben und Tod auf und lässt die beiden ineinander fließen, begreift sie also als Einheit unserer Existenz.

So dichtet sie: „Am Morgen nach dem Tod/ wird's kühl sein wie im Nebeldämmer des September,/wenn aus der lüsternen Sommerglut/ich zu mir komme in weißer Luft,/fremd den vom strähnigen Licht verwirrten Bäumen.“ Und in der *Morgenelegie* ist nachzulesen: „… Ich musste empor zu dem einen Punkt, an dem/das

Nichts die Sonne um sich kreisen und erlöschen lässt,/und einen Augenblick noch musste ich durch Winkel tasten,/um schneiend zu euch zurückzukehren". Hier geht das Leben in den Tod, aber der Tod in wesensverwandelter Gestalt – einer säkularisierten Transsubstantiation – wieder ins Leben über, mit einer Eindeutigkeit, die Goethes pantheistischem „Stirb und werde" am nächsten kommt. Von tief berührender, sogar erschütternder Schönheit sind die Anfangszeilen des *Pietà*-Gedichtes: „Heller Schmerz, untertänig ließ mich der Tod/in deine Arme zurückkehren, fast wie ein Kind./Du weißt nicht, ist zu danken/oder zu weinen/ob des Glücks,/Mutter ...", und ebenso ergreifend ist die Schlussreprise: „Drei Tage nur sind mir gegeben auszuruhn/im Tode und in deinem Schoß." Im Wort von der „zärtlichen Macht des Todes" schließlich fasst Ana Blandiana zusammen, was sie zu diesem letzten Thema bewusst wahrgenommener Existenz zu sagen hat.

Diese Wortprägung steht außerhalb dogmatischer Befindungen einer wie immer gearteten Religion oder religiösen Konfession und zeugt, wie die Aussage des gesamten lyrischen Werks, von jener individuellen Freiheit des Geistes und der Seele, die sich aus der Erkenntnis der Unlöslichkeit unserer Bindung an die Vorgabe der Schöpfung speist. Und das war immer schon die höchste und vornehmste Form des Freiheitsbegriffs.

In „Convorbiri Literare" („Literarische Gespräche"),
hg. v. Verband der Schriftsteller Rumäniens, Bukarest April 2009

Deutsch in „Die Versteigerung der Ideen",
Gedichte von Ana Blandiana;
Johannes Reeg Verlag, Bamberg 2009

Frau Musica

Versuch einer Erklärung des Unerklärbaren

Meiner Tochter Hildegard

Der alternde Graf Lew Nikolajewitsch Tolstoi prangerte sie an. Nach und nach aus dem Mangnetfeld der Kunst entlassen, mißdeutete er als Einundsechzigjähriger in der Erzählung *Die Kreutzersonate* moralisierend ihre Macht über den Menschen, von der Goethe ein Jahr vor seinem Tod gesagt hatte, sie stünde „so hoch, dass kein Verstand ihr beikommen kann".

Sie lebt unter allen Künsten aus der strengsten Gesetzlichkeit und gibt sich zugleich wie keine andere dem Irrationalen, der Emotion, dem Affekt hin, den Bereichen jenseits des Verstandes. Ohne die introvertierte Maßgabe Tolstois hatten sich schon lange davor die Hellenen ihrer Macht in Staatsgesetzen gefügt, um sie vor Unangemessenheiten abzusichern. Platon hatte sie als Klanggebilde im Kosmos vermutet, von dessen fliegenden Himmelskörpern erzeugt. Sein Zeitgenosse und Freund Archytas – ein Mathematiker, Philosoph, Staatsmann und Feldherr, der den Schall als Luftschwingungen erkannte und die Verhältnisse der Tonintervalle in den antiken Tongeschlechtern berechnete – übertrug die Gesetze ihrer Harmonie auf Mond und Sonne, Planeten und Fixsterne. Rund eintausendneunhundert Jahre später beschäftigten den Mathematiker und Astronom Johannes Kepler in *Harmonices mundi*, 1619, Bahnen und Geschwindigkeiten der Planeten und deren Verhältnis zueinander und zu den Wellen der harmonischen Akkorde. Schopenhauer, siebzig Jahre vor der Veröffentlichung der *Kreutzersonate*, hatte sie frei nach Platon im berühmtesten Kapitel seines Hauptwerks, *Die Welt als Wille und Vorstellung*, auf einer Rangliste der Künste als erste angeführt und gelehrt, dass sie als einzige keines Sinninhalts bedürfe, denn „Sinn“ oder „Inhalt“ sei bereits ihr Bauteil – der Ton. Ohne im Verbund mit weiteren Tönen zu Thema oder Motiv gefügt werden zu müssen, sei er die in sich selber gründende Aussage. Wort, Farbe und Stein – Poesie, Malerei, Bildhauerei – hätten dem nichts an die Seite zu stellen. Friedrich Nietzsche wollte sie aus dem erfahrungs- und moralfreien „Ante rem“ verstanden wissen, Rainer Maria Rilke sie ans All zurückgeben, da nur das All dies ertrüge, und Goethe – berichtet uns Eckermann – hatte seiner Befindung hinzugefügt: „Es geht von ihr eine Wirkung aus, die alles beherrscht.“ Ja, er sah sie als Bild des Schöpfungsvorgangs, den er in ihr wiedererkannte. Und in mittelalterlich unbeirrbarer Gefühlssicherheit schließlich hatte Martin Luther ihren Herrschaftsanspruch als seinem Wesen nach matriarchalisch angesprochen: Frau Musica …

Liegt das Geheimnis ihrer Faszination in der Nähe zu allem, was Urlaut ist, bevor Sprache war? Selbst eingebunden in mathematisch ausdrückbaren Normen, die, in Zahlen umgesetzt, zu Kristallsymmetrien führen, wie nachgewiesen wurde, hört sie nicht auf, Jauchzen und Weinen, Betören und Aufschrei, Glück und Schauder zu sein – Laut der Lust wie des Schmerzes, der profunden Selbstversenkung wie der zügellosen Raserei. Da der Urlaut latent in uns allen lebt, fühlen und wissen wir uns in ihr reiner, entblößter ausgesagt als in den anderen Künsten – er ist in ihren rhythmischen, melodischen und harmonischen Folgen und Gefügen nur scheinbar gebändigt, sie steigert seine Wildheit vielmehr durch genau berechnete Bändigung auf ein Höchstmaß des Unmittelbaren und setzt uns so mit kalkuliertem Raffinement dem Glutfluß ihres Geschehens aus. Hier, so scheint es, liegt der Schlüssel ihrer Macht über uns – sie triumphiert über den moralisierenden Hinweis auf die

Begriffsbestände unseres Sicherheitsverlangens und unserer Ängste, indem sie sich an diejenigen Schichtungen in uns wendet, in denen der Begriff und die von ihm erfaßten Wahrnehmungen nichts mehr gelten. Wir danken ihr den Triumph mit der Umkehrung unserer moralischen Absicht: mit der Bereitschaft zur Selbst- und Weltvergessenheit.

Wie von keiner anderen Kunst lassen wir uns von ihr zur rauschhaften Hingabe an die Entselbstung im Apollinischen wie im Dionysischen überreden. In Johann Sebastian Bachs *Kunst der Fuge* erhebt sie uns über alle gängigen Gewichte und Gewichtungen. Im Adagio sustenuto der *Hammerklavier*-Sonate von Beethoven löscht sie unser Zeit- und Raumgefühl aus. Auf den friderizianischen Schlachtfeldern peitschte und sog sie die Regimenter vorwärts. Und in den „Concert"-Massenhallen unserer Tage produziert sie Hysterie und Trance.

Wenn die Kunst, wie gelegentlich gesagt wurde, ihrem inneren Antrieb nach zutiefst undemokratisch ist, so ist *ihr* Absolutum ohne Einschränkung autoritär. Ist sie, so gesehen, nicht die unzeitgemäßeste aller Künste, da sie uns doch zur Preisgabe der Ratio drängt. Erreicht sie uns daher alle?

Ihre Skala kennt keine Begrenzung. Der Ambitus – wie die Fachleute die Tonausdehnung einer Melodie zwischen tief und hoch nennen – ist nur eine Anmerkung der Physik, ist der Hinweis auf den von sechzehn Hertz in der Tiefe und zwanzigtausend in der Höhe markierten Tonausschnitt, den der enge Trichter unseres Gehörs aufzunehmen in der Läge ist, auf die kümmerliche akustische Facette, die inmitten einer Schöpfung aus Klängen wir in unserer menschlichen Winzigkeit zu registrieren fähig sind. Was darüber hinaus nach oben und nach unten reicht, hören wir nicht. Läßt es sich mit dem Angebot ihrer stummen Schwester, der Malerei, vergleichen? Unser Auge vermag nicht zu sagen, was sich an Farben jenseits von Infrarot und Ultraviolett ereignet. Die Kunst der neun griechischen Göttinnen, die äußersten Pole unserer Ansprechbarkeit zu erreichen, meinte die Dimensionen auch jenseits dieser Begrenzungen, sie hieß „musikē technē".

Alle Schöpfung erfährt ihrer letzte Bestätigung und Vollendung in der Selbstzerstörung. Sie zu wagen und uns ihr zu gleichen Teilen zu verweigern, sind wir angelegt. So verbrennen Sonnen im Universum, die nicht leuchten würden, wenn sie nicht brennten und selbstzerstörerisch verbrennten. Nicht anders lebt alles Leben auch auf der Erde. Trifft uns daher die Musik mit einer Unmittelbarkeit, die größer ist als die der anderen Künste, weil sie sinnenhafter als diese der Selbstverbrennung Gestalt und Ausdruck verleiht? Weil sie der von unserer Todessehnsucht erfüllte, jedoch vergebliche Versuch ist, Urvorgänge dieses Ausmaßes zu beschwören? Meinte E. T. A. Hoffmann sie, als er von der „unaussprechlichen Sehnsucht" schrieb, der uns „hinzugeben" sie uns magisch treibt? „Schmerz wie Freude", aus denen Romain Rolland sie entspringen sah, enthalten das Unaufhebbare der *condition humaine*: dass alles Leben immer nur um den Preis des Todes möglich ist. Dass sie uns wie keine zweite Kunst „das wahre Wesen der Welt" erkennen läßt, war von Arthur Schopenhauer auf diesen Aspekt unseres Seins hin gedacht. Wirken daher ihre Klangarchitekturen zwingender auf uns als Speyer, Chartres, Castel del Monte, La Mezquita und Paestum? Schon allein eines ihrer Instrumente – dieser seltsamsten Suchgeräte, die der Mensch ersann – spannt weitere und höhere Bögen aus uns hinaus und in uns hinein und reißt abgründigere Krypten in uns auf als Stein und Glas, Turm und Portal. Etwa die Geige in Bachs *Ciaconna*, das Cembalo der Sonaten von Antonio Soler, die „Klezmer"-Klarinette; aber auch die Frauenstimme in Händels *Lukrezia*, das Unisono des *Gregorianischen Chorals*. Wenn uns die Orchestertutti monumentaler Entladungen oder die Sturmläufe symphonischer Schlußpassagen forttragen, löst sich der Wortbestand unseres Kalküls auf – die Tonlandschaften im Adagio der

Achten in c-Moll von Bruckner, das Maestoso in Brahms' Klavierkonzert d-Moll, die Beethoven-Katarakte in *Coriolan*, das „Halleluja" in Händels *Messias*, das „Dies irae" in Mozarts *Requiem*, die d-Moll-„Toccata" Bachs, das Presto in Mendelsohn-Bartholdys *Italienischer Symphonie*, Wagners „Walküren"-Ritt machen uns sprachlos.

Musik ist die weheste Form der Erinnerung. Zweimal im Leben, sagte der Dichter Jean Paul, weine der Mensch „grundlos" – in der Kindheit und im Alter. Beide Male löse Musik die Erschütterung aus. Es ist nicht die Erschütterung des Aus- oder des Rückblicks auf erahntes künftiges Leid oder auf das vielfach erfahrene. Nein, Musik außerhalb des diskursiven Denkens als Form der Berührung mit dem tragischen Seinsgrund. Beide Male, meinte Jean Paul, eröffne sie dessen Vision, gäbe sie den Blick der Seele frei auf Ursprünge und Herkünfte. Schmerz der Ahnung von und der Besinnung auf den Verlust des Ausgangs – ihn meinte er.

Kennt nicht nur noch die Philosophie der Asiaten diese Zugänge des Menschen zu sich selber, die uns Europäern durch „verfehlte Entwicklungen" – so der Symbolist Stéphane Mallarmé – verschüttet oder sogar für immer unerreichbar wurden? Sie begannen, soll Mallarmé erläuternd gesagt haben, „bei Homer", dem Erzähler. Auf die Frage: Und was war *vor* Homer?, gab er zur Antwort: „Orpheus, die Musik …" Vom thrakischen Sänger und Kitharaspieler der hellenischen Sage Orpheus, dem Mann mit der zauberischen Macht der Musik über alle Geschöpfe der Natur, wissen wir nur ungewohnt fremdartige Legenden. Sie berichten von der allesvermögenden Kraft einer Kunst, der sich sogar das Tor zur Ewigkeit öffnete. Sinnbild für Zugänge, die uns in der Musik möglich sind? Zu jenem „Ante rem" – *vor den Dingen* –, das Nietzsche meinte? Haben wir es mit einer Form genetischer Amnesie oder mit der Aphasie der Skeptiker zu tun, mit Erinnerungs- und Sprachunvermögen, die wir allein noch mit ihrer Hilfe durchbrechen können? Mit krankhaften

Verschließungen der Großhirnrinde, den seit ungezählten Generationen gestörten Arbeitsvorgängen im Brocaschen System, mit Zellenverkümmerungen, deren Beginn schon in den frühen Entwicklungsabschnitten des Homo faber zu vermuten sind?

Dem Abendländer scheint allein sein musikalischer Genius die Wege durch Verkrustungen seines Gehirns hindurch zur Dimension des „Ante rem" offengehalten zu haben, aus dem wir alle kommen. Vielleicht schrieb Nietzsche – ganz in Goetheschem Geist – deswegen davon, dass Musik die Ahnung vermittle, dabei gewesen zu sein, als „Gott die Welt erschuf". Von der Diesseitsvergessenheit im Orgelholzton mittelalterlicher Rohrflötenregister über Bachs Abgründigkeiten in Oratorien- und Passions-Chorälen bis hin zu Strauss' Entfesselungen in *Don Juan* und den „konkreten" Tonorganisationen unserer Zeit ist der Mensch immer wieder suchend diese Wege gegangen, dem Entwicklungsfluß entgegen, den Mallarmé für falsch erklärte. Vielleicht wird eines Tages der Gedanke, von der Musik aus und mit ihren Mitteln heilend in Verwirrtheiten und Verkrüppelungen unserer geistigen Strukturen einzudringen, um Kanäle zu entschlacken, als ihr letztes und wichtigstes Angebot erkannt werden.

Denn keine der Künste kann uns mit solcher Sicherheit bis ins Letzte durchleuchten und aufbrechen wie sie. Die Aufwühlungen *und* die Beruhigungen, die sie bewirkt, – dies weiß nicht nur die neuere Medizin, können Genesungsvorgänge einleiten. Ihre Verführungs- und Betörungsdämonien enthalten das Unheimliche des vollkommen Rätselhaften – „kein Wort von der alten Zauberkraft der Musik ist mir unwahrscheinlich", notierte Goethe im *Werther* –, und sie müßte daher eigentlich in der Welt unserer utilitaristischen Programme und pragmatischen Manifeste die Bewertung als klinisch wahrgenommene Form von Wahnzuständen erfahren. Wieso genießt sie immer noch den Freiraum öffentlicher Duldung in unserer Welt der Abstraktionshörigkeit? Doch in gleichem Maße wird sie spätestens seit der Antike von den erleuchteten Geistern als die souveräne Heilerin angesprochen. Am Beispiel der vier Bilderstürmer in Aachen, die Heinrich von Kleist in der Novelle *Die heilige Cäcilie* schildert – fand Thomas Mann –, ist das Bedingungslose des Berührungsschocks mit ihrer Macht, die den Menschen „wie unsichtbare Blitze" erreicht, exemplarisch verstanden. Doch schon die zweieinhalbtausend Jahre alte, zur Zeit des Babylonier Kaisers Nebukadnezar II. entstandene Legende gab dem in die Löwengrube geworfenen Daniel die Flöte in die Hand, mit deren Klängen er die Raubkatzen von ihrer Wildheit erlöste. Erst die Musiktherapeuten unserer Tage berichten von den Grenzen ihres Heil- und Harmonisierungsvermögens. Nicht allein der Mensch, auch die Pflanze spreche auf die Klangwelt des späteren 19., des 20. und erst recht des 21. Jahrhunderts im Sinne therapeutischer Absichten immer weniger positiv an. Anders als die „Alten" *vor* Beethoven.

Als beruhigte sie unsere Betroffenheit und unser Getroffensein von ihrer Wirkungskraft mit dem Hinweis auf ihr lehr- und erlernbares Pensum. Es ist durchschnittlicher Faktur: Mehr als jede andere Kunst ist die Musik ein Handwerk. Nirgends wieder sind ihre Grundregeln so ausschließlich Lehrstoff wie bei ihr: Harmonie, Kontrapunkt, Generalbaß, Komposition, Notation, Akkord, Tonarten, Formenlehre sind jedem zugänglich. Käme ein Gemälde, käme auch nur *eine* Seite Kunstprosa auf vergleichbarem Weg zustande? Ein Porträtkopf in Stein? Eine Bronzegruppe? Es liegt Tröstliches darin, die übermächtige Herrscherin in einer Handvoll simpler Regeln faßbar nahe zu wissen. Sie, die Unbegreifliche, die Sibyllinische unter den Künsten, tut sich in Zeichen kleiner Begreifbarkeiten kund – Tonarten, Takten, Tempi, dynamischen Vorzeichen. In Bachs *Kunst der Fuge* reichen sich auf diese Weise Mathematik und Ekstase in nie wieder erreichter Wechselwirkung die Hand. Sie erinnert uns in „Sanctus"-, „Kyrie"- und „Gloria"-Chören an die Kunst als eine Sternstunde, die im Sinne eines Wortes von Friedrich

Dürrenmatt niemals in Gefahr ist, wie der Mensch vom Blick in die Geschichte geblendet zu werden, da es sie gab - wie Archytas von Tarent gelehrt hatte –, noch ehe der Mensch war, und immer noch geben wird, wenn der Mensch von der Schöpfung längst abberufen sein wird.

1995 überarbeitete Fassung des Essays
„Erinnerung an die Musik“,
Südostdeutsche Vierteljahresblätter,
4/1971, München

„Wer läßt mich in Frankreich Shakespeare spielen?“

Über die Schauspielerin Ioana Maria Gorvin

Zu wiederholen, was hingerissene Bewunderer in hymnischen Tönen über die kurz vor ihrem 71. Geburtstag verstorbene Ioana Maria Gorvin (30.09.1922–2.09.1993) je schrieben und sagten, entbehrte eben jenes Stilgefühls, das „die Gorvin“ zur großen Tragödin des deutschen Theaters unserer Jahrzehnte machte. Die in gut über vier Dutzend bedeutenden Frauenrollen der Weltliteratur dem Publikum eingeprägte Ioana Maria Gorvin darf nach Aussage der Theaterkenner als eine der weiblichen Jahrhunderterscheinungen auf der deutschsprachigen Bühne bezeichnet werden. Und wer je über sie schrieb und es aus Anlaß ihres Todes wieder tat, wurde nicht müde, vor allem *ein* Merkmal als Gütesiegel ihres Namens hervorzuheben: die Stimme. Im Gleichklang mit dem spezifischen Bewegungsgestus des Körpers war sie das herausragende Instrument ihrer Kunst. So vermochten Regisseure wie Gustaf Gründgens, Jürgen Fehling, Helmut Käutner oder Fritz Kortner gemeinsam mit dieser Schauspielerin Perfektionsträume mimischer Darstellung zu verwirklichen.

Für den Bayerischen Rundfunk als Auftakt zu einer umfangreichen Sendung *Gespräch mit Ioana Maria Gorvin* am 7. 6. 1992 entstanden, im Hinblick auf einen späteren Sendetermin aber nur in geringfügigen Bruchstücken ausgestrahlt, bewahre ich eine der Öffentlichkeit unbekannte Tonbandstudie auf – das letzte auf Band registrierte Gespräch, das es mit Ioana Maria Gorvin gibt; wenn auch Torso, so dennoch spätes Dokument einer Aussage über den

Beginn auf der Bühne, über Lehrer, über Berlin und die Kunst. In allem – im Lachen, in den halben Sätzen und in dem nach Worten suchenden neuen Satzanfang – ist „die Gorvin" auf dem Band aus der Stimme heraus in einer Ganzheit lebendig wie kein zweiter Mensch, dessen Stimme ich als Rundfunkjournalist je aufnahm. Vor die Aufgabe gestellt, die Fracht eines Sophokles-, Shakespeare-, Goethe-, Kleist-, Schiller-, Molière-, Ibsen- oder Giraudoux-Textes zu meistern, konnte diese Stimme jäh einen Ernst annehmen, der zur übergeordneten Instanz wurde.

„Ich hätte", sagt sie an einer Stelle unseres Gesprächs über ihre Absicht, als gerade erst Siebzehnjährige Hermannstadt für immer zu verlassen, „ich hätte nach Frankreich gehen können. Wir hatten in der Schule damals sehr viel Französisch. Doch mit fünfzehn, sechzehn Jahren sagte ich mir: Nein, ich werde lieber nach Deutschland gehen. Denn wer läßt mich in Frankreich Shakespeare spielen? Die Franzosen haben immer sehr wenig Shakespeare gespielt. Sie haben nicht viel übrig für ihn …" An anderer Stelle erinnert sie sich: „Ich hatte mir aus Deutschland Material über eine Schauspielschule schicken lassen – vom Staatstheater am Gendarmenmarkt. Dann hatte ich das Glück, dort eine Ausbildung zu bekommen. Ich mußte drei Examina machen – das erste an der Reichstheaterkammer, wo die Nazis waren, die zwei anderen am Gendarmenmarkt, wo Gründgens Leiter war und wo Maria Koppenhöfer, Waller Franck, Werner Krauss lehrten. Den ersten Unterricht hatte ich von meiner Mutter erhalten, die selber Schauspielunterricht genommen und gespielt hatte. Danach hatte ich bei Manna Copony gelernt – und zwar Vorsprechen: *Gretchen*, Molière, natürlich die Szene mit der Amme aus *Romeo und Julia* … Damit bin ich dann los, nach Deutschland. Mein Bruder war damals schon hier, er hatte von Clemens Krauss in einem Kursus Dirigierunterricht bekommen …"

Auf die Frage, ob sie hinsichtlich ihres künstlerischen Werdegangs Hermannstadt rechtzeitig verlassen habe, antwortet sie prompt und entschieden: „Ja, ja! Absolut rechtzeitig! … Nach dem Baccalaureat (Abitur). Ich wollte schon viel früher weg. Doch mein Vater bestand auf dem Baccalaureat. Nein, es war mir in Hermannstadt zu eng. Ich habe nicht das Gefühl gehabt, daß ich das alles dort will. Es war ja auch das ganze Drumherum. Zwar gab es in Berlin Furchtbares. Da war diese – diese Hitler-Ausstellung … Wie hieß sie nur? … Ach ja, ‚entartete Kunst'! Zum Beispiel Otto Dix. Das war 1938 oder '39. Ich war erschrocken darüber, daß es so etwas überhaupt gibt. Ich dachte: Das ist ja furchtbar! Aber Gottseidank gab es auch die anderen Leute …" Auf meine Frage nach künftigen Berufsstationen antwortet sie souverän: „Stationen sind Zufall. Ich bin schließlich in einem Alter, in dem ich nicht unbedingt etwas beweisen muß."

Die Wirkung der Stimme Ioana Maria Gorvins lag nicht zuletzt in der scheinbaren Kunstlosigkeit des Sprechens, ihr Können war von jener Reife der wiedergewonnenen Natürlichkeit, die das Ergebnis unablässigen harten Trainings ist. Die berühmte Interpretin moderner österreichischer Lyrik, Traute Foresti, oder Anja Buczkowski, renommierte Sprecherin des Bayerischen Rundfunks, verfügen über eine vergleichbare Kultur in der Handhabung von Stimme und Sprache. Pianisten und Geiger von vollendetem Können behandeln ihr Instrument mit dieser schlafwandlerisch genauen Leichtigkeit – als sei es ein Kinderspiel. Aber Heinrich von Kleist veranschaulichte im Essay *Über das Marionettentheater*, wie unendlich weit entfernt bewußt erarbeitetes Können davon ist.

Die Sprechkultur der Ioana Maria Gorvin bestand aus mehr als dem „gut sitzenden", dem volltönenden und klaren Organ. Dieses ist jedes Mal erst das kostbare Rohmaterial, dem Sprechkunst angeeignet werden muß. Ihr Geheimnis lag in der emotionellen und ideellen Durchdringung des Textes mit ihrer Persönlichkeit. Noch mehr als auf der Bühne, stellten Gorvin-Chronisten fest, hätten Stimme und Sprache dieser Frau bei Literaturlesungen ihre Qualität entfaltet. Sie ließ sich die Texte, die sie bei Literaturveranstaltungen las, von niemandem vorschreiben; sie wählte sie selber aus. „Das muß mir liegen", sagte sie dazu. Dreimal – in Berlin, Hannover und Dinkelsbühl – hörte ich sie bei öffentlichen Lesungen Texte von mir sprechen. Schlank, biegsam, gelassen, selbst in regungsloser Haltung auf dem Sessel von suggestiv beredter Körpersprache, saß sie am Lesetisch, den sie rechts seitlich neben sich bevorzugte. Sie las meine Prosa im Gesprächston und -tonfall. Manchem mag der Gedanke gekommen sein, es ebensogut zu können. Welcher Irrtum! Ihre Stimme hatte oft den Anhauch von Brüchigkeit, ohne freilich jemals das Federnde eines geheimnisvollen Singens zu verlieren. „Als Mädchen", sagt sie lachend auf dem Tonband, „hatte ich eine helle Koloraturstimme." Als sie die Erzählung *Jonas und die Würde des Menschen*, Teile des Kapitels *Im Land der toten Augen* aus dem Roman *Der Tanz in Ketten* und das Kronstadt-Porträt *Gedenkblatt für eine Stadt zwischen Abend- und Morgenland* las, war mir, als betrachte ich die eigenen Texte in einem Spiegel, von dessen besonderer Lichtbrechung ich bis dahin nichts geahnt hatte; fast erschrak ich über die Fähigkeit dieser Frau, leiseste Schwingungen meiner Prosa zu entschlüsseln. Sie hat das einmal „Hineintauchen" genannt. Es war ihr Wort für den Akt des hohen moralischen Mutes, den der zum letzten Ernst entschlossene Künstler immer von neuem wagt, sich bis zur Selbstentäußerung der Aufgabe zu überlassen. Auf andere Weise kommt große Kunst nicht zustande.

Sie hatte Intelligenz und Mut, Persönlichkeit und Charakter, diese deutsch erzogene Tochter aus rumänisch-deutscher Ehe – der Mädchenname der Mutter lautete Popescu, der Familienname des Vaters Glückselig. Wo es ihr angebracht erschien, zögerte sie keine Sekunde, sich – immer freundlich – zu politischen, künstlerischen oder sozialen Fragen zu äußern, ja streitbar Stellung zu beziehen.

Dabei war ihr nationalistische Tümelei der Politiker ebenso zuwider wie die werkverunstaltende „Selbststinszenierung der Theaterregisseure". Jüngeren, unsicheren Kollegen gegenüber soll sie von unendlicher Hilfsbereitschaft gewesen sein. „Nie war sie ein Star", sagte mir einer von ihnen, „aber immer eine Dame. Und wenn sie zu sprechen begann, hielten wir den Atem an ..."

In einer Zeit, in der immer weniger Schauspieler mit der Sprache als dem vornehmsten Instrument ihrer Kunst umzugehen vermögen, in der Peter-Strohm- und Anderer Genuschel für Sprache gehalten wird, verkörperte Ioana Maria Gorvin die Würde der Sprache als das für den Stand unserer menschlichen Kommunikation verantwortliche Medium.

In zweifacher Eigenschaft stehe ich als ein Betroffener und Ergriffener vor diesem Sarg – als ein Mensch, der aus der gleichen historischen Landschaft Siebenbürgen stammt, aus der auch Ioana Maria Gorvin kam, und als ein Schriftsteller, der das Glück hatte, einige seiner Texte in öffentlichen Lesungen von Ioana Maria Gorvin gesprochen zu hören. Ich kannte die kluge, warmherzige und noble Frau aus umfassendem persönlichen Gespräch, und ich bin – wie ich sehr wohl weiß – bei weitem nicht der einzige Mensch, dem ihre Stimme und Sprache immer noch in der Seele nachklingen. Doch ich gehöre zu dem privilegierten Kreis derjenigen, die sich von Ioana Maria Gorvins Stimme und Sprache auch jenseits der ästhetischen Begegnung, jenseits der Bewunderung ihrer artistisch makellosen Diktion und des vielgerühmten tragischen Timbres, jenseits also aller Kunst im tiefsten Innern angerührt fühlen.

Denn angefangen von den Lichtern in ihren Ober- und Untertönen, über das im Ansatz hart gesprochene R bis hin zur dunklen Melodik ihres Organs: Ioana Maria Gorvin ließ niemals auch nur den geringsten Zweifel an ihrer östlichen Herkunft aufkommen – gleichviel, ob ihr das bewußt war oder unbewußt blieb. Und ich glaube, daß die Faszination, die von dieser Schauspielerin aus dem

Südosten Europas im Westen ausging, nicht zuletzt, ja sogar vor allem hierin gründete. Was je sich an sprachgewordenem Klang des Ostens, an wortgeformter östlicher Gefühlsweite und -tiefe in einer deutschsprechenden Frauenstimme ausdrückte – bei dieser Schauspielerin war es lebendig in der Stimme enthalten in ebenso köstlicher wie kostbarer Reinheit. Wer je die Melancholie und die Wehmut in Liedern, Liebes- und Totenklagen östlicher Völker hörte und in sich aufnahm, erkannte sie bestürzt im Klang der Stimme Ioana Maria Gorvins wieder, wer je die Sinnlichkeit des Unmittelbaren in der durch keine Nuance verfremdeten Hinneigung zur Kantilene des Worts im Umgang mit Völkern des Ostens erfuhr, der horchte auf bei den Vibrationen in Ioana Maria Gorvins Stimme, weil er alldem in ihr wieder begegnete.

Es war Teil der persönlichen Sprechkultur und früh ein Wertezeichen auf den Theaterbühnen zwischen Berlin und Basel, Hamburg und Zürich, Düsseldorf und Wien. Und war dennoch mehr als dies allein: Es war das in der Stimme dieser Frau aufbewahrte Melos der Herkunft, und das aus den südöstlichen Kindheitslandschaften, die ja nicht nur geographische, sondern vor allem seelische Landschaften waren und sind, mit der Bravour künstlerischer Reife hinübergerettete Klangbild und damit das bis zuletzt unversehrt in ihrer Stimme behütete Kulturerbe jenes Europas, von dem der Westen so wenig weiß. Dieses Kulturerbe östlicher Herkunft war es, was Rudolf Nurejew anders tanzen ließ als die Tänzer des Westens, auch wenn sie die gleiche Pirouette und den gleichen *Pas de deux* tanzten; dies ist es, was Nicolai Gjaurows Baß anders klingen läßt als die Baßstimme seiner westlichen Kollegen, auch wenn sie die gleichen Verdi- und Mozartarien singen; dies macht Swjatoslaw Richters Beethoven-Sonaten zu anderen Klangereignissen als die Wilhelm Kempffs oder Friedrich Guldas; und dies war es, was Ioana Maria Gorvins Shakespeare- oder Ibsen-Frauen anders erscheinen ließ als die der mittel- oder westeuropäischen Darstellerinnen. Daher bezeichnet ihr Tod auch einen Kulturverlust: Mit ihrer alles von Stimme und Sprache her gestaltenden Schauspielkunst in der Synthese aus östlicher Emotionalität und perfektionistischer westlicher Rationalität verkörperte sie einen Kunsttypus, der heute mehr denn je zum geistigen Vermächtnis der Europäer zählt.

Ihr ein letztes Mal dafür zu danken, sei unser Anliegen.

Neben Walter Jens und Walter Schmidinger
hielt Hans Bergel im September 1993
in der Ernst-Moritz-Arndt-Kirche in Berlin
eine der Grabreden.

Das Spiel und die Aggression des Chaos

Ein Versuch

Nur einen Sommer gönnt, ihr Gewaltigen,
und einen Herbst zu reifem Gesange mir,
daß williger mein Herz, vom ***süßen***
Spiele *gesättigt, dann mir sterbe …*
Hölderlin

Im Spiel sucht der Mensch sich selber; nur im Spiel findet er sich ganz. In der Reihe der tragischen Auseinandersetzungen des Ich mit der Welt ist das Spiel die reifste. Denn ins Spiel ist der Gedanke des Todes aufgenommen: die Entrückung. Es ist ja vor allem eben dies: der Versuch, die Domäne des Todes – die Zeit – zu durchbrechen, indem es ihm die Vollkommenheit des „reifen Gesangs" entgegenhält. Kinder spielen so: mit dem erschütternden Ernst einer das Ich mit der Welt durch Entrückung versöhnenden Ausschließlichkeit. So öffnete Orpheus die Pforten der Unterwelt – das Spiel trieb den Raum der Entrücktheit über die Grenze des Todes hinaus.

Das Spiel ist nicht nur die ästhetische, es ist die intelligibel subtilste, die psychologisch umfassendste, die philosophisch überlegenste und die moralisch eindeutigste Seinsformel. Die einzige Möglichkeit der Rundung des kleistischen Wegs um die Welt, der Erreichbarkeit der vom Mittelalter gedachten *harmonia mundi*, der Rückkehr in den *primus movens* des Augustinus. Die Philosophie der ältesten lebenden Kultur kennt für die Schöpfung selbst keinen höheren Zuordnungsgrad. Das Konzept, das ihr zugrunde liegt, sagte Konfutse, ist das Spiel; sie ist anders als Spiel nicht denk-, nicht ertragbar. Dies muß sie sein, auch wenn sie mit den Zügen des schrecklichen behaftet ist – die *divina comedia* des Dante Alighieri. Das Spiel ist die Königin aller Daseinsformen. Kein Mensch, der es nicht auf jedem seiner Wege sucht.

Weil es die Durchdrungenheit alles Bruchstückes, aus dem wir gemacht sind, von dem *einen* Energiefluß, den Zustand der Entrücktheit also meint, wird seine absolute Realisierbarkeit zum Fall, dessen Seltenheitswert dem Stein des Weisen, des Blauen Vogels der Mythe vergleichbar ist. Denn es setzt das Vermögen der gleichzeitigen maximalen Öffnung *und* Vereinsamung voraus. Der Anspruch des *genius ludens*, des spielenden Geistes – er erscheint der Befangenheit und des halbgewagten Einsatzes von jeher verdächtig. Nur das Kind geht das Wagnis ganz ein. Im Sprung über die Zäsur der Pubertät zerbricht dann den meisten der Raum seines Anspruchs; in den Niederungen der Scherben steht der Mensch mit dem verlorenen Bildnis seiner selbst. Und nur die wenigsten wagen die Wiederaufnahme des Anspruchs, das prometheische Abenteuer der schöpferischen Geister. Allen aber, seit Adam und Eva das Spiel als Daseinsraum verloren, ist die Sehnsucht nach dem Verlorenen in tausend und abertausend Variationen in die Seele geschrieben. Vielleicht gibt es nur solange die Unzahl der menschlichen Leidenswege, solange wir dies nicht begriffen haben werden.

Wer den Gedanken „Das Spiel ist die höchste Daseinsform" verstehen will, muß das Chaos mitdenken. Chaos, sagen die altgriechischen Kosmogonien, ist der gestaltlose Urgrund des Lebens. Wer Abel sagt, muß Kain miteinschließen, die Bedrohung durch das Chaos. Mozart tat es im *Don Giovanni*, und Kierkegaard war der erste, der es begriff. Nietzsche nahm den Gedanken auf – Tänzerschritt über dem Chaos, also sprach Zarathustra. Selbst der heroische Sisyphus des Albert Camus, seine trotzige Formel von der

Anerkennung des Absurden als einzig gegebener Existenzbasis, lebt aus der Furchtlosigkeit dieses Begreifens.

So wird das Spiel zur menschwürdigen, zu der im Sinne Rilkes tapferen Attitüde den Göttern, dem Schicksal gegenüber.

Kasantzakis' *Alexis Sorbas* beginnt beim Tod seines Kindes zu tanzen – Spiel wirft sich dem Chaos entgegen, Entrückung dem Tod. Wir haben keine andere Wahl; immer ist das Lebende vom Chaos bedroht, aus dem es kommt, immer bleibt ihm nur das Spiel als die wacheste Formel der Überwindung. In einem Hirtendorf in den Südkarpaten fesselten vormals die Burschen einmal im Jahr dem besten Tänzer lose an Händen und Füßen. Er mußte tanzen bis die Fesseln zerrissen oder sich im Schweiß und Blut der zuckenden Muskeln lösten. Gelang es nicht und blieb der Tänzer vor Erschöpfung liegen, mußte er ein Jahr lang im Dorf Gemeinschaftsarbeit leisten. Er war zu schwach – vielleicht zu glücklos –, die Sogkraft des Chaotischen, der Nichtordnung zu überwinden, er war des hohen Spiels unfähig, seine Richter waren nicht befugt zu sagen, daß „hinter ihm, im wesenlosen Scheine, lag, was uns alle bändigt, das Gemeine". Hier steht Element gegen Element, Spiel gegen Chaos. Das Chaos kann nur durch das Spiel überwunden werden. Die Dämonen, lehrte Konfutse, sind nur durch das vollkommene Spiel zu bannen. Als die Achäer unter den verbrannten Mauern Trojas zum Spiel antraten, um ihrer Toten zu gedenken, suchten sie in dem in Lauf, Sprung und Wurf umgesetzten Spiel – zum Äußersten gezwungen durch den Mitspieler – den Triumph der anfälligen, in Frage gestellten, von Fragen umstellten Kreatur über die Willkür des Chaos. Hier liegen die Wurzeln des Sports bis in unsere Tage. Sekundär die materialistische Frage nach seinem Sinn. Es ist das Spiel. „Der Mensch", sagte Schiller, „spielt nur, wo er in voller Bedeutung des Wortes Mensch ist, und er ist nur dort ganz Mensch, wo er spielt."

Der Satz „Im Spiel sucht der Mensch sich selber“, muß fortgesetzt werden: Im Spiel ahnt der Mensch nicht nur die entscheidende Möglichkeit der Konfrontation mit den Unbenennbarkeiten seines Ich, sondern er akzeptiert die Notwendigkeit der Konfrontation als Legitimation seiner selbst. Die Verweigerung löscht ihn aus. Es war nicht das Geld, das Hemingways Manuel in die Arena trieb, es war das Wissen um die Folgen der Verweigerung.

Da das Spiel die einzige Möglichkeit ist, des Chaos Herr zu werden, und der Mensch dies kraft seines auf Selbsterhaltung ausgerichteten Wesens begriff, fand er als meßbaren Ausdruck des Spiels die Form. Die klassische Domäne der „reinen Form“ im Abendland ist die Kunst. Da die Kunst es „überall mit der Form zu tun hat“, wie Kleist sagte, wurde sie hier zur hohen Schule des Spiels, und die Wendung „Spiel der Formen“ ist ein sich selbst erklärender Pleonasmus. In der Kunst gilt ausschließlicher als auf irgendeinem Gebiet das Gesetz, alles Rohmaterial, Chaos, in die Form, ins Spiel umzusetzen, den Impuls in Sprache, Ton, Farbe, Bewegung zu übertragen. Aber erst die Vorstellung, dem Chaos wohne als primärer Impuls das Bedürfnis inne, in Form erlöst zu werden, und die Gegenprobe: unerlöstes – formloses – Chaos zerstört Individuen, Völker, Kulturen, macht das Spiel als existentielle Notwendigkeit deutlich. Die Kunst wurde in allen intakten Gesellschaften nicht zum Zierrat, sondern zum Beweis ihrer Lebensfähigkeit. Schöpfertum beginnt bei der Sensibilität, die Bedrohung durch das Formlose als existentiell wahrzunehmen, es gipfelt im Genie, Gestalt zu formen im Spiel. „Nicht zu sein oder zu spielen, was man ist“, sagte Sartre. Es gibt keine Wahl. Denn das nicht in Spiel erlöste Chaos steht gegen uns auf. Spiel als die einzige Möglichkeit, die permanente Aggression des Chaos zu beherrschen, indem es sie gestaltet. Die Verweigerung dieser Herausforderung – gleichviel aus welchen Gründen: der Sattheit, der Schwäche, der Unlust, des Unvermögens

– führt zur Anarchisierung. Verweigerung – der „Geist, der stets verneint", um im Ja des Spiels erlöst zu werden: in der Gestalt.

Hier ist ein Blick auf die vornehmste Eigenschaft des gestalterischen Impetus des Spiels nötig: Die Fantasie. Das bisher begabteste der abendländischen Völker, die Griechen des Perikles, wußten warum sie die Fantasie obenan stellten. Das Wort Fantastik kannten sie nicht. Die Fantasie wendet sich im Spiel an den Menschen in seiner Gesamtheit. Die Fantastik spielt lediglich in seinen Nervenbereichen. Dies ist der Grund, warum unsere Zeit der Hysterien und der Neurotiker in der Domäne des Spiels, das uns vor die letzten Fragen stellt, versagt. Da Spiel von Spielerei so weit entfernt ist wie das Elementare des *genius ludens* von unserer Erregtheit durch die Droge, verkennt Gottfried Benn als Sprecher eines neuen Zeitbeginns die Grenzen, wenn er ihr den Primat im Schöpferischen zuerkennt. Die Verkennung ist symptomatisch, die Konsequenzen unsere Realität. Denn die Droge ist nicht Auslöser eines Zentralimpulses wie Schiller es meinte, sondern sekundärer Ersatz – Verschiebung des Blicks für das Zentrale, seine „Zerwirrung", wie Adalbert Stifter es nannte: das Sekundäre, die Fantastik in Kunst, Liebe, Politik. Das alles mündet in der Illusion. Spiel aber ist das Ergebnis der Berührung durch den *genius ludens* des zentralen Anliegens.

Das Chaos ist von der Möglichkeit, ins Spiel umgesetzt zu werden, ebenso fasziniert, wie das Spiel von der Möglichkeit, ins Chaos rückgesogen zu werden. Ihr Geschwisterverhältnis ist unübersehbar. Erst die starken chaotischen Impulse zeugen das hohe Spiel. Wo dies fehlt, ist auf die Magerkeit jener zu schließen. Sie sind der Nährboden. Die Vorstellung von ihrer Domestizierbarkeit ist ein Denkkurzschluss. Die großen schöpferischen Naturen sind dem Chaos nah verwandt. Jeder Laie spürt etwas davon, wenn ihm Namen mit dem Stigma der intensiven Beziehung zum Chaos genannt werden: Michelangelo, Grünewald, Beethoven oder Balzac, Shakespeare oder Kleist. Jeder kleine Geist in der Kunst versucht, sich durch die Übernahme ihrer Äußerlichkeiten auszuweisen. Die wenigsten wissen, daß den pedantischen Saubermann Goethe, den patriarchalischen Kantor Bach nur die allerdünnste Wand vom Chaos trennte. Es ist aus jedem Vers der *Marienbader Elegie*, aus den Chorälen der *Matthäus-Passion* herauszuhören. Warum sonst hat Goethe – gerade Goethe – mit elementarer Ablehnung auf Kleist reagiert? Weil sich in Kleist die Bedrohung durch das Chaos und der geniale Wille, ihm die absolute Form – das vollkommene Spiel – entgegenzuhalten, mit einer in der deutschen Geistesgeschichte nicht wieder angetroffenen Nacktheit gegenüberstanden. Kaum einer weiß um das Unheimliche im dithyrambischen Tänzerschritt aller mozartschen Musik.

Die Siege sind hier nicht verbürgt. Denn wo, fragte Kleist, „liegt die Verpflichtung der höchsten göttlichen Weisheit, die Wahrheit im Augenblick der glaubensvollen Anrufung auszusprechen?" Der von dieser „höchsten göttlichen Weisheit" sich abgewiesen Wähnende zerstörte das vollkommenste seiner Spiele: den Robert Guiskard. Kafka ordnete die posthume Vernichtung seines Lebenswerkes an. Gogol verbrannte alle erreichbaren seiner Schriften. Und Goethe schrieb das Spiel von *Iphigenie* achtmal von Grund auf um. Die Beispiele gingen ins Zahllose. Alle diese Fälle bestimmte die Resignation, die Vollkommenheit des Spiels nicht bis zu jenem Punkt verwirklicht zu haben, da die Entrückung restlos gelungen und damit vor dem Zugriff der Aggression durch das Chaos – das Formlose – gesichert ist. Der Spieler, der den Ball falsch schlägt, der Fechter, der die Klinge zu hoch hebt und im Affekt in ein Zeichen des Unmuts ausbricht, das Kind, das seinen Turm durch Unvorsicht zum Einsturz bringt und weint, der Schauspieler, der körperliche Schmerzen empfindet, wenn der Regisseur ihn mitten im Probenspiel unterbricht, der Liebende, der mit einem unbedachten Wort den Augenblick zerstört und von Qualen gepeinigt wird – sie alle beherrscht die gleiche Resignation, der Vollkommenheit des Spiels unfähig gewesen zu sein. Weil Spiel niemals Aggression ist, wird es zur ernstesten und tragischsten, zur humansten Form der Auseinandersetzung mit der Welt. Der *homo ludens* des Huizinga ist mehr als eine ästhetische Kategorie.

Nirgends ist das Spiel ausschließlicher als in der Liebe. Orpheus und Euridike, Pierre Abaelard und Héloise, Tristan und Isolde, Romeo und Julia. Hier steigt das Spiel im Triumph über das Chaos in den Zustand jener hölderlinschen „Süße" empor, die im Scheitelpunkt der Entrücktheit den Tod sucht. Orpheus' Blick zurück, aber auch Alkmenes „Ach …". Der Tod als Vollender, jenes goethische „Lebendige, das nach Flammentod sich sehnet", die Weisheit der *Duineser Elegien*, im Kuß außer der Zeit zu sein. Die Einbeziehung des Du ins Spiel geht das äußerste Wagnis ein, das der Partnerschaft. Sie fordert das vollkommene Spiel beider. Daher gelingt in der Liebe die Vollkommenheit des Spiels seltener noch als in der Kunst. Don Juan ist die Tragödie des Menschen, der dies nicht wahrhaben will. Platos Bemerkung: Immer ist der Liebende schöner als der Geliebte, enthält die Tragödie im Ansatz. Sie reicht von den Höhen des Hero und der Leander bis in die Niederungen verstümmelter Verzichte und Kompromisse.

Und nirgends wird die Liebe als das ausschließlichste aller Spiele deutlicher als im Anruf des Liebenden an den Geliebten. Das „Ich liebe dich" ist bedingungslose Herausforderung: Aggression, die erlöst sein will. Das Chaotische gibt sich in einer völligen Sinnverloren- und -vergessenheit ohne Rückhalt preis an die eine Möglichkeit: vom Angerufenen angenommen zu werden. Herausforderung und Bitte, Aggression und Angst in einem. Wehe, wenn der Anruf an den *genius ludens* ins Leere geht: Brunhilde ließ den Geliebten meuchlings ermorden, Penthesilea zerfleischte ihn mit eigenen Händen …

Spiel ist Licht und Glanz aus und über dem Chaos. Die starken Epochen waren seiner fähig. Die Siege sind nicht verbürgt.

Bayrischer Rundfunk,
Juli 1971

Unverwechselbarkeit dichterischer Sprache

Moses Rosenkranz' lyrische Jahrhundertbekundungen

Er gehört zum Kreis derer, die der deutschen Sprache unverbrüchlich die Treue hielten – der 1904 in Berhometh geborene Moses Rosenkranz. Bis zum zwölften Lebensjahr hieß er Edmund, nahm dann aus Protest gegen antisemitische Ausschreitungen eines Lehrers gegen einen jüdischen Mitschüler den Vornamen Moses an. Berhometh ist ein Dorf am Fluß Pruth, das sich ebensowenig in *Knaurs Weltatlas* findet, wie der Name Rosenkranz etwa in Wilperts *Lexikon der Weltliteratur* oder in Kürschners *Deutschem Literaturkalender* zu lesen ist. Allein der verdienstvolle Kurt Böttcher sorgte dafür, daß er lexikalisch aufscheint. In dessen *Lexikon deutschsprachiger Schriftsteller des 20. Jahrhunderts* (1993) hat er auf Seite 616 seinen Platz, nicht weit entfernt von Alexander Roda-Roda (1872–1945) – der eigentlich Sandor Friedrich Rosenfeld hieß und aus Slawonien kam – und Joseph Roth (1884–1939), der in Galizien geboren wurde. Östliches, Südöstliches, wie es etwa in Roda-Rodas Anekdoten *Der Schnaps, der Rauchtabak und die verfluchte Liebe* (1908), in die Romane *Der Feldherrnhügel* (1910) und *Die Panduren* (1935) oder in Roths berühmte Epen *Radetzkymarsch* (1932) und *Die Kapuzinergruft* (1938) u. a. bestimmend einfloß, macht auch Sprachatmosphäre, innere Stimmlage und über weite Strecken Thematik der Gedichte Moses Rosenkranz' aus; es ist schon in den Gedichtbänden *Leben in Versen* (1930), *Gemalte Fensterscheiben* (1936) o. a. O. nachzulesen.

Wie Roda-Roda und Roth gehört der am 20. Juni 1994 neunzig Jahre alt gewordene Moses Rosenkranz zu jenen von den politischen Konstellationen in diesem Jahrhundert zu Flüchtenden, Exilierten und Heimatlosen gemachten Autoren, in deren Texten sich die Tragödie Europas erhielt. Moses Rosenkranz kam ins Ghetto und war 1941 bis 1944 in rumänischen Arbeitslagern. Dort schrieb er 1942 das Gedicht *Die Blutfuge*, das er auch seinem Lagergenossen Paul Antschel (Celan, 1920–1970) vorlas. Dieses Gedicht zählen Literaturhistoriker heute neben dem Gedicht *Klage* zusammen mit Celans *Todesfuge* zur bedeutendsten Leistung „der Bukowiner deutsch-jüdischen Holocaust-Dichtung“ (Heinz Stănescu). Die lapidare Wucht der Klage ist in der Tat in diesem Kontext bisher unerreicht: „So Leichen weiß/war kein Schnee wie die Not/kein Ofen so heiß/mein Volk wie dein Tod//Flogst heißer als Brand/stobst bleicher als Schnee/o Wolke von Weh/mein Volk überm Land//Kamst nimmer herab/wo soll ich hinknien/ist oben dein Grab/in den Wolken die fliehn“ (*Im Untergang*, I, München 1986). Diese schmucklosen Aussagemonolithe werden sich der deutschen Sprache erhalten, solange es sie gibt.

Auch Elias Canetti (1905–1994) kam aus dem südöstlichen Europa, er erblickte im bulgarischen Rustschuk das Licht der Welt. Auch er, der Sohn spanisch-jüdischer Eltern, lernte Emigration und Existenz in der Fremde kennen. Und auch er blieb der deutschen Sprache treu, in der er, wie er 1969 sagte, eigentlich ja „nur ein Gast war“. Und, heißt es weiter bei ihm, „daß ich in England“, wohin er 1938 geflohen war, dennoch „weiter Deutsch geschrieben habe, war so selbstverständlich wie Atmen und Gehen. Ich hätte nicht anders können, eine andere Möglichkeit wurde nie auch nur erwogen.“ Und dann folgen jene knappen Sätze über Sprache als Inselzustand, die zum Nachdenklichsten gehören, was Canetti in diesem Zusammenhang je schrieb. Was geschehe unter solchen Umständen mit der Sprache?, fragte er, als er die Mitgliedschaft der Bayerischen Akademie der Schönen Künste entgegennahm, und antwortete: „Wie setzt sie sich gegen den unablässigen Druck der (...) Umwelt zur Wehr? Ändert sich etwas an ihrem Aggregatzustand, an ihrem spezifischen Gewicht? Wird sie herrschsüchtiger, wird sie aggressiver? Oder geht sie in sich und verbirgt sich? Wird sie intimer? Es könnte ja sein, daß sie zu einer Geheimsprache wird, die man nur noch für sich verwendet."

Alles, was Elias Canetti hier fragend anspricht, gilt für Moses Rosenkranz, der in der Vielvölker- und Vielkulturenumgebung des europäischen Südostens das Deutsche „so selbstverständlich" sprach und schrieb, wie ihm „Atmen und Gehen" waren. Diese Treue, die viele schreibende Juden des Ostens und Südostens der deutschen Sprache hielten, gehört aus meiner Sicht in den Bereich moralischer Positionen, die sich der Ratio entziehen; sie ist mehr als respektabel. Nicht: daß sie deutsch schrieben inmitten von Völkern, die russisch, ungarisch, rumänisch, serbisch, griechisch, bulgarisch, ukrainisch/ruthenisch, polnisch, tschechisch, slowakisch, zigeunerisch, türkisch u.a. sprechen und schreiben. Das taten auch die in Ost und Südost ansässig gewordenen deutschen Splittergruppen oder Ethnien. Sondern daß sie es trotz des Holocaust so „selbstverständlich wie Atmen und Gehen" taten und tun, das fällt hier ins Gewicht – von Rosenkranz bis Celan, von Canetti bis zu dem 1905 ebenfalls am oberen Pruth geborenen Manés Sperber, dem in Putila geborenen Manfred Winkler, Rose Ausländer (1901–1988) und Dorothea Sella (1922–2010).

Freilich, der seit 1961 in Deutschland, seit 1972 in Lenzkirch-Kappel im südlichen Schwarzwald lebende Moses Rosenkranz stammt aus einer einst von deutscher Kultur in österreichischer Färbung mitbestimmten Ecke des ehemaligen k.u.k.-Reichs, in der es – seit 1875 – die am weitesten im Osten wirkende deutschsprachige Universität gab – die „Francisca Josephina" in Czernowitz. Die Universität war nicht allein Lehranstalt, sondern zugleich Sammelbecken der Geister und Kulturen an einer Völkernaht mit unterschiedlichsten Berührungskomponenten. Alfred Margul-

Sperber (1898–1967), Alfred Kittner (1906–1991), Georg Drozdowsky (1899–1987), Gregor von Rezzori (1914–1998), Immanuel Weissglas (1920–1979), Alfred Gong (1920–1981), Manfred Winkler (*1922) und andere Autoren trugen und tragen bis heute den Stempel jener besonderen geistigen Klimate der Landstriche zwischen den Oberläufen des Dnjestr und Pruth, zwischen den Nordkarpaten und dem Tafelland der östlichen Moldau. Und 1940 schrieb der Siebenbürger Herman Roth (1891–1959) über *Die Tafeln* von Moses Rosenkranz, diese seien „großartige Bekundungen östlicher Kraft“. Autoren wie Martin Buber (1878–1965), der den Mittel- und Westeuropäern die Welt des ostjüdischen Chassidismus erschlossen hatte, oder wie Gregor von Rezzori, dem in Büchern wie z. B. *Blumen im Schnee* (1989) die epische Beschwörung der Welt des ehemaligen Buchenlands in unvergleichlicher Weise glückte, seien stellvertretend für die literarischen Chronisten einst blühender Kulturprovinzen genannt, deren östliche Multinationalität im Deutschen das Medium des Gesprächs gefunden hatte.

Daß die Vielsprachigkeit dieser Landschaften nicht allein ein gesellschaftliches oder kulturelles Phänomen war, sondern oft zur Persönlichkeit des Individuums gehörte, wird paradigmatisch an Moses Rosenkranz deutlich: „Eigentlich habe ich keine Muttersprache, weder Deutsch noch Ruthenisch (Ukrainisch) noch Rumänisch würde ich als solche bezeichnen. In meinem Elternhaus wurde durcheinander ruthenisch, judendeutsch und polnisch geredet. Dann schickte mich meine Mutter zu ihren Eltern nach Stanislau. Hier wurde ich, erst fünf Jahre alt, in die polnische Volksschule eingeschrieben. Wieder bei den Eltern, die inzwischen nach Berbeştie am Czeremosch übersiedelt waren, besuchte ich dort vier Jahre lang die ruthenische Volksschule, wo Deutsch ein vernachlässigtes Wahlfach war. Später, als wir durch die Ereignisse des Ersten Weltkrieges nach Westgalizien und Mähren flüchten mußten und ich in ein Konvikt in Prag kam, erlernte ich auch Tschechisch. Hinzu kam freilich noch Rumänisch, das seit 1919, nachdem meine Heimat an Rumänien angegliedert worden war, auch Staatssprache wurde. Meine Mutter und meine älteste Schwester, die sich um meine Erziehung und berufliche Ausbildung kümmerten, bestanden darauf, daß ich ordentlich Deutsch lerne, weil erst die Kenntnis dieser Sprache mir reale Zukunftsaussichten eröffne."

Moses Rosenkranz wuchs also fern dem städtischen Kultur- und Literaturbetrieb von Czernowitz auf. Aus einer bitterarmen Landfamilie stammend, blieben ihm Universität und Literatursalon, weltmännisches Kosmopolitentum und die Eleganz der Theaterfoyers fremd. Der Weg des Autodidakten war ihm vorgezeichnet. Der schon im Alter von zwölf Jahren Gedichte Schreibende hatte als Zehnjähriger, infolge des Krieges, sein Dorf verlassen müssen; nach dem Krieg landete die Familie in Czernowitz, der Vater starb, und der damals fünfzehnjährige Moses mußte sich selber erhalten. Er schlug sich mit Gelegenheitsarbeiten durch, kam dann auf Arbeitssuche bis ins Elsaß und nach Frankreich, war Fabrikarbeiter und Tagelöhner. 1927 bis 1930 diente er in der Rumänischen Armee. Danach arbeitete er in Bukarest im Pressedienst des Außenministeriums und als literarischer Referent und „Ghostwriter" für die Königin Maria (*Traum und Leben einer Königin*, List-Verlag, 1935).

War schon der Knabe mit den Brutalitäten des 20. Jahrhunderts unmittelbar bekannt geworden, als die Russen während des Ersten Weltkriegs seinen k.u.k.-treuen Vater suchten – auf dessen Kopf sie eine Prämie ausgesetzt hatten –, ihn nicht fanden und dafür den Sohn nahmen, so mußte sich der Siebenunddreißigjährige 1941, ein Jahr nach der Hitler-Stalin-Abmachung über die Angliederung auch des Buchenlands an die UdSSR, von den Deutschen ins Ghetto sperren und deportieren lassen. Wie er als Kind im Ersten Weltkrieg den Russen entflohen war, floh er nun, 1944, aus dem rumänischen Lager nach Bukarest, wo auch Celan, Margul-Sperber, Ausländer, Kittner und eine Reihe anderer Zuflucht gefunden hatten.

Aber soeben noch der Judenvernichtung durch die NS-Deutschen entkommen, wanderte er unter den neuen kommunistischen Diktatoren Rumäniens in Gefängnis und Kerker, er kam von dort nach Moskau und in den sibirischen Gulag – insgesamt „saß" er von 1947 bis 1957.

Zeit seines Lebens hat Moses Rosenkranz innere Abneigung und Distanz, ja, streckenweise so etwas wie den leisen Groll des armen, literarisch auf sich allein angewiesenen Dorfkindes den Städtern, der Stadtkultur gegenüber empfunden. Zwar hatte ein Mann wie Alfred Margul-Sperber schon 1930 seine fördernde Hand über ihn gehalten und im „Czernowitzer Morgenblatt" mit dem *Brief an einen Dichter* öffentlich auf ihn aufmerksam gemacht, nicht zuletzt mit dem Hinweis, daß er „am Beginne einer großen Laufbahn" stünde. Doch hat sich Moses Rosenkranz innerlich im Grunde niemals vom ländlichen Ausgang seines Lebens gelöst: „Kleine Felder schön im Kreise/die man ohne Erz bestellt/arm und lautlos ist die Weise/zu bestehen in der Welt" (*Das Schtetl*); „Ich kam zur Welt in einer Kate/in der kein Platz für mich bestand" (*Geburtspunkt*); „Meine Dörfer gleichen scheuen Hunden/liegen blind in ihren schwarzen Mooren" (*Herkunft*): Das sind Töne, in denen gleicherweise Bitterkeit wie Verbundenheit mitschwingen und die diesen Dichter begleiten – er nahm sie noch 1986 in den Band *Im Untergang* auf. Und er bezeichnete sich gelegentlich als einen „Alleinläufer"; „mir fehlte diese Lobby", sagte er 1993 in einem Zeitungsgespräch mit dem Literaturhistoriker Stefan Sienerth und fuhr fort: „Mein Vater war ein ausgesetztes Kind, im zehnten Lebensjahr wurde er im Garten des Barons Flondor entdeckt und als Stalljunge eingestellt. Er hatte keinerlei Schulen besucht und blieb bis zu seinem dreißigsten Lebensjahr ein Analphabet. Erst meine Mutter, Fany, geb. Hefter, die einer sehr armen jüdischen Familie aus Stanislau entstammte, brachte ihm notdürftig Lesen bei und gewöhnte ihm das Kartenspielen und Saufen ab. Die Gegend, in der wir lebten und der ich die frühesten Erinnerungen verdanke, war ländlich geprägt. In meiner Dichtung bin ich von den Bildern meiner Kindheit nie losgekommen."

Von „Liedern", die „bewahren können", schrieb Wolfgang Minaty 1987 über die Lyrik des wiederzuentdeckenden Dichters aus der Bukowina Moses Rosenkranz und merkte an, daß dieser „solche von ganz einzigartiger Schönheit" geschrieben habe. Und in der Tat: Moses Rosenkranz schuf sich nicht nur die eigene dichterische Sprache, er vervollkommnete die Unverwechselbarkeit seines lyrischen Idioms in seinen besten Texten bis zur Gültigkeit des makellosen Gedichts. Die aus eigenwilligen Wortzerlegungen neugebildeten Bildsinne wirken dabei niemals paradox, verkrampft oder erzwungen. „Schnee bedeckt und Tempel stufig/ragt der Berg in graues Schweigen/höher dort muß Chiron steigen/roten Barts und Silber hufig" (*Chiron*) ist eines der Beispiele dafür. Im melodischen Fluß der bis zum Letzten entschlackten Sprache klingt das Gedicht weiter: „Darf die Geiß im Licht verweilen/muß er in die Wolke treten/weidet sie in Morgenröten/muß er mit der Nacht enteilen//Ihn verfolgen die Auguren/die aus totem Fleische lesen/und im Tal die Menschenwesen/niederzwingen vor Lemuren." Das bedarf keiner Frage nach eventueller Patenschaft durch Rilke oder einen anderen der zu Lehrmeistern deutscher Gedichteschreiber am Beginn dieses Jahrhunderts gewordenen Großen: es ist Moses-Rosenkranz-Wortkunst ohne erkennbare Anleihe in Wortwendung und Bildauffassung. Es ließen sich viele Beispiele anführen, als stärkstes die oben zitierte Klage.

Wie kommt es zu solcher Sprache im Gedicht, die Alfred Margul-Sperber schon 1930 zu den Fragen an Moses Rosenkranz veranlaßt hatte: „Aus welchem Kulturboden haben Sie die Kraft und das Mark gesogen, die vielen Ihrer Dichtungen in so außerordentlichem Maße eigen sind? Muß man da nicht an das Wunder glauben, daß in der Bukowina, selbständig und losgelöst von jedem Zusammenhange mit dem Ursprungsgebiete, erst jetzt (...) ein Zweig der deutschen Sprache schöpferisch rege zu werden beginnt, in dem so vollendete Dinge geschaffen werden können, wie es viele Ihrer Gedichte sind?"

Es müßte reizvoll sein, in den sprachlich vielschichtigen Wurzelböden zu graben, aus denen Moses Rosenkranz' Wortkunst wuchs. Verschiedentlich ist auf deren Verwandtschaft mit der „kunstvollen Schlichtheit rumänischer Volksdichtung" (Heinz Stănescu) hingewiesen worden. Ebenso aber lassen sich Elemente jiddischer Syntax und Bildhaftigkeit nachweisen. Doch die an slawisches Sprachmelos erinnernde Liedhaftigkeit seiner Verse ist genausowenig zu überhören. Dann wieder mischen sich expressionistische Sforzati in den Sprachfluß. Die biographische Bewegtheit dieses Dichterdaseins hat zweifellos von Kind an Einflüsse erschlossen, die am Wachsen und an der Profilierung seines Sprachklangs und seiner Wortbilder mitwirkten. So entstand *Die Blutfuge* in einem Deutsch, das sich allein bei Moses Rosenkranz und sonst nirgendwo wieder in der deutschen Lyrik findet:

O Bach von Blut! auf gelbe Bernsteintasten
ergießend sich aus offnen Fingerstummen
so muß ein Herz zu seinem Grabe hasten
durch starkes feierliches Orgelsummen

So muß ein junges Leben Partituren
erfülln mit seinem vollen Herzensschlag beseelt
ertönt durch rote Abendfluren
was stumm im Staube welker Blätter lag

Was laut im Feuer keuscher Jünglingsglieder
gerauscht verebbt und geht gemach zur Neige

am Sterbenden vergehn mit ihm die Lieder
ein Celloruf und eine letzte Geige

Tot auf den Tasten ruhn die Fingerstummen
die Seele zittert in den Pfeifen nach
durch hohles Grabes tiefes Orgelbrummen
tropft wieder Jesu Blut: O Blut von Bach!

Moses Rosenkranz hat sich einige Male fast vehement gegen die Vorstellung von einer als Einheit begreifbaren „deutschsprachigen Dichtung der Bukowina" gewendet. „Es gab nur einzelne Schreibende, und jeder hat auf seine Weise zur Literatur gefunden", bemerkte er dazu bissig und fügte hinzu: „Bei mir war es das Gefühl, fremd und verlassen zu sein …" So richtig das ist: Aus der Distanz betrachtet, ist die Bukowiner Dichtung deutscher Zunge – auch sie wie alle Dichtung auf der Welt das Werk einzelner, einzelgängerischer und oft einsamer Begabungen, die sich „fremd und verlassen" fühlen – dennoch als eine Erscheinung erstaunlicher Gemeinsamkeiten erkennbar. Paul Celans genial eigensinnige poetische Bilder – ist der Drang zu ihnen nicht ebenso in der Lyrik des seit 1959 in Jerusalem lebenden Manfred Winkler zu beobachten? Alfred Margul-Sperbers Naturnähe – findet sie sich nicht auch bei Rosenkranz, Celan, Winkler und den anderen? Ja, sie wurde einmal sogar als der gemeinsame Zug dieser Dichtung überhaupt bezeichnet. Aber da ist auch die den Dichtern dieser Landschaft eignende liebevolle, fast zärtliche Hinwendung zum Herkünftigen, die sie in allen Lebensphasen zum Ausdruck drängt. Klingt bei Celan heimatliche Naturnähe etwa so: „Krauseminze, Minze, krause,/vor dem Haus hier, vor dem Hause" (*Selbdritt, selbviert*), bei Alfred Gong hingegen: „Bäume aus heiligen Buchstaben streckten Wurzeln/von Sadagora bis Czernowitz./Der Jordan mündete damals in den Pruth" (*Bukowina*), bei Margul-Sperber wieder: „Glockenton, du versunkener Brunnenton,/Abendlaut,/winken schon Wolken heim den verlorenen Sohn,/traumumblaut?" (*Dumka*), bei Manfred Winkler: „Von den Schultern/der Karpaten zittert/noch immer ein Flötenspiel/ins Tal" (*Tagschafe die du suchst*) und dann bei Rosenkranz: „Sang den Sommer noch den heitern/als es schon zum Abschied schellte/und der Herbst die langen Leitern/an die roten Bäume stellte" (*Frohe Versäumnis*), so erscheint die Seelenverwandtschaft dieser Naturnähe mit Händen greifbar, ja die Bilderverwandtschaft und der weiche Ton der Sprachstimmung liegen verblüffend nahe beieinander. Vollends unübersehbar wird die Gemeinsamkeit dieser Dichtung überall dort, wo sich die Thematik des Holocaust – zumindest der Verfolgungen, Drangsalierungen, Einkerkerungen und Entwürdigungen, von denen Juden vor der Jahrhundertmitte betroffen waren – im sprachlichen Kunstwerk niederschlug. So individuell unterschiedlich der Vortrag sein mag: Eine geradezu beklemmende Entsprechung in der Dichte der Aussage stellt die Gemeinsamkeit her. Bei Celan etwa: „Gegriffen schon, Herr/ineinander verkrallt, als wär/der Leib eines jeden von uns/dein Leib, Herr" (*Tenebrae*); bei Gong: „Herr! Zeig ein Wunder!/Laß uns am Leben, hier, in dieser Höll' auf Erden!/Mehr ängstigt uns Dein Jenseits .../Wir sind Dein Volk/wir wollen nicht auch Deine Engel werden!" (*Israels letzter Psalm*); bei Margul-Sperber: „Wer singt der Männer und Frauen, Kinder und Greise/klagenden, anklagenden, sehnenden Sang,/die nach der langen, nach der unendlichen Reise/nackt in die Nacht und das Nichts antraten den Gang?/Ach, auch die Sänger sind im unsäglichen Morden/in Rauch aufgegangen, zu Wolken geworden!" (*Aus dunkelsten Tagen*); bei Winkler: „... des Grases dünne Spitzen und die/Stauden im zerfallenen Gemäuer,/das Keuchen der behaunen Steine –/große knochige Jissacharhände/verkrampft im letzten Halleluja" (*Ich male sie mit Abend im Gesicht*); bei Rosenkranz: „Der entblößte Bub indessen/fühlte nicht mehr die Verluste/aus dem Duschraum hallte machtvoll/seines Volkes breite Stimme:/Offen steht das Tor der Himmel!/aufrecht ging auch er hinein“ (*Der Weg zur Brause*).

Alles im Werk des Moses Rosenkranz – das meiste davon ging verloren – ist vom Sprachwillen her zu verstehen. Sein in der Kindheit und frühen Jugend unter dem Anprall der vielen und vielartigen östlichen und südöstlichen Idiome immer gefährdetes Deutsch gewann aus dieser Gefährdung heraus jene Substanz und Kontur, jene Unabweisbarkeit und Präzision, die sein reifes lyrisches Opus kennzeichnen. „Wie setzt sie sich gegen den unablässigen Druck der Umwelt zur Wehr?“, hatte Elias Canetti hinsichtlich vereinsamter Sprache gefragt, „ändert sich etwas an ihrem Aggregatzustand, an ihrem spezifischen Gewicht?“ In geglückten Gedichten erreicht Rosenkranz eine Konzentration der Sprache und damit der Aussage, die nicht mehr zu steigern ist: deren „Aggregatzustand“ sich zum „spezifischen Gewicht“ hin „ändert“. So z. B. in diesem Achtzeiler: „Berge des Todes wie hoch/Hoffnung verstellend und Licht/aber ins Grab der Welt noch/käme das Wort das verspricht/wenn es nicht würgte der Qual/innen aufbrechend Gestöhn/über der Blutspur im Tal/auf dem Weg zu den Höhn“ (*Im Untergang II*, 1988). In solchen Verszeilen ist der ganze Rosenkranz enthalten – durchaus im Sinne des eigenen ästhetischen Programms, das lautet: „Muß ich sie denn neu beginnen/diese Sprache die verstörte/will ich mich darauf besinnen/wie sie sich von Anfang hörte“ (*Die verpönten Runen*).

Moses Rosenkranz hatte den Lyrikbänden *Leben in Versen* (1930) und *Gemalte Fensterscheiben* (1936) den Band *Die Tafeln* (1940) folgen lassen. 1947, nach seiner Verschleppung in den Gulag, veröffentlichten Freunde den Band *Gedichte* unter dem Pseudonym Martin Brant. 1986 veröffentlichte Rosenkranz den Band *Im Untergang*, 1988 *Im Untergang II*. Daneben erschienen Gedicht- und Prosatexte in deutschen, österreichischen, rumänischen, schweizerischen u. a. Zeitungen bzw. Zeitschriften.

In dem abenteuerhaft umgetriebenen Leben dieses Mannes nahmen die Bekanntschaften mit herausragenden Intellektuellen Südosteuropas einen besonderen Platz ein. Die Bukarester Schriftsteller Oscar Walter Cisek, Vasile Voiculescu, Ştefan Neniţescu, vor allem aber Ion Pillat (1891–1945), dem Moses Rosenkranz ein Jahrzehnt lang als Privatsekretär zur Seite stand, gehören ebenso dazu wie der Romancier Zaharia Stancu. Der siebenbürgische Kunst- und Literaturhistoriker, Germanist und Übersetzer Harald Krasser (1905–1981), der Rosenkranz einmal einen „der interessantesten und begabtesten Menschen" nannte, denen er jemals begegnet sei, der bedeutende Erzähler der siebenbürgischen Deutschen Erwin Wittstock (1899–1962), der aus Wien nach Siebenbürgen verschlagene, später in Berlin zu Ansehen gekommene Religionsphilosoph Erwin Reisner (1890–1966) und andere gehören neben den Namen aus dem heimatlichen Buchenland zu den Persönlichkeiten, derer sich der über Neunzigjährige mit Dank und Achtung erinnert. Unter dem Titel der beiden Gedichtbände *Im Untergang* steht jeweils: *Ein Jahrhundertbuch*. Das ist keine Anmaßung. Es meint die Lebensspanne des Mannes, der seine *Blutfuge*, zwei Jahre bevor Paul Celan seine berühmte *Todesfuge* (1944) schrieb, komponiert hatte – ein Jahrhundert auch schlug sich in Moses Rosenkranz' Gedichten nieder mit all den Themen, von denen seit jeher Dichtung lebt: Liebe, Heimat, Treue, Leid, Natur und Tod.

Nachwort in „Bukowina, Gedichte 1920–1997"
von Moses Rosenkranz.
Rimbaud , Aachen, 1998

Deutsche Bedenken

Ein Buch und die Frage der Nation*

„Erst in Italien befreite ich mich von deutschen Barbarismen ...“
Hans Werner Henze

Das Dilemma nicht weniger Deutscher im Umgang mit dem Begriff „Nation“ hat, vereinfacht ausgedrückt, eine objektive und eine subjektive Komponente. Die objektive gilt als allgemein bekannt: die „Geschichte eines unglückseligen Volkes“, wie ein jüngerer französischer Historiker es nannte, dessen eurozentrale Lage ihm politisch wie militärisch, kulturell wie sozial immer wieder fatale Konsequenzen bescherte und künftig bescheren wird. Darüber schrieben Historiker, Staatsmänner, Feldherren, Philosophen, Psychologen, Soziologen, Politologen, Humanwissenschaftler in vielen Sprachen ganze Bibliotheken. Nicht weniger gängig ist die subjektive Komponente: die in der Natur vieler Deutscher liegende verhängnisvolle wie unverbesserliche Neigung zur Ausschließlichkeit im Umgang mit sich selber – mit ihrer Geschichte, ihrer Politik, ihrer Pädagogik, ihren philosophischen Ansätzen ihren gesellschaftlichen Situationen, ihrer Selbstbeurteilung; das alles im Positiven wie Negativen.

„Immer diese Überreaktionen“, titelte die Zeitschrift „Focus“ im August 1995 ein Gespräch mit dem italienischen Historiker Angelo Bolaffi. Sie formulierte damit diese Neigung zu unduldsamer, un-

* Heimo Schwilk, Ulrich Schacht (Hg.): *Die selbstbewußte Nation. „Anschwellender Bocksgesang und weitere Beiträge zu einer deutschen Debatte“*; Ullstein, Berlin 1994

geduldiger, ja militanter Subjektivität, für die Deutsche prädisponierter erscheinen als andere. So, in der Tat, sehen es die anderen: Bolaffi hatte, Monate vor dem Focus-Gespräch, im Siedler-Verlag, Berlin, sein Buch *Die schrecklichen Deutschen. Eine merkwürdige Liebeserklärung* veröffentlicht – einen 200-Seiten-Essay, der nicht nur die komplexe wie brillante Kenntnis des Autors zum Thema belegt, sondern, was hier erheblicher ist, den Linken Bolaffi aus Sicht deutscher Linker auf Positionen zeigt, die hierzulande als postfaschistisch, neofaschistisch, faschistoid, rechtsradikal bezeichnet werden, wo immer sie sich manifestieren. Von unerwarteter Seite wird damit die Bemerkung zum Dilemma der Deutschen bestätigt: die Unfähigkeit zur Normalität, die einen Großteil vor allem der deutschen Intellektuellen – und damit die Nation insgesamt – zum internationalen Problemfall macht. Die Frage, ob ihre Exzessivität eine Folge der Geschichte oder ihre Geschichte die Folge dieser Neigung zur Exzessivität ist, bleibt ohne Spekulation unbeantwortbar. Die Gefährdung durch das Exzessive aber ist ein Faktum und Charakteristikum vor allem eines Teils der jüngeren deutschen Vergangenheit.

Selten in den verflossenen Jahren hat die Reaktion auf ein Buch dies so erschreckend deutlich gemacht wie die Reaktion auf die von Heimo Schwilk und Ulrich Schacht unter dem Titel *Die selbstbewußte Nation. „Anschwellender Bocksgesang" und weitere Beiträge zu einer deutschen Debatte* 1994 herausgegebene Sammlung von zeitkritischen Texten, die 29 Autoren unterschiedlicher Bereiche zur Frage „Nation" schrieben. Der Aufschrei, der beim Erscheinen des 480 Seiten zählenden Buches durch das Land ging, die Aufgeregtheiten und Neurosen, die sich ausbreiteten, lassen sich in Angelo Bolaffis Formel „Immer diese Überreaktionen" am treffendsten zusammenfassen: Deutsche Intelligenz scheint in der Frage „Nation" nicht imstande zu sein, normal zu denken, zu fühlen, zu urteilen, zu reden, kurz, zu befinden. Es liegt nicht wenig Süffisanz im

Umstand, daß Bolaffis Buch *Die schrecklichen Deutschen* – ein Jahr später, 1995, erschienen – aus der Sicht des italienischen Linken der Kritik der deutschen Linken an Schwilks und Schachts Sammlung, wenn auch ohne es zu beabsichtigen, weitgehend widerspricht. Mehr noch, sie brandmarkt die Verweigerung von Normalität der deutschen Linken in der nationalen Frage.

Daß Sätze wie: „Hat die Negierung des Nationalen auch nur einen Deut mehr an Freiheit gebracht?" (Roland Bubik: *Herrschaft und Medien*), „Es ist schlechterdings nicht mehr zu übersehen, daß der Liberalismus, (…) zum Liberismus fortentwickelt oder von diesem abgelöst (…), die Nationen tötet" (Ernst Nolte: *Links und Rechts*), „Völker ohne nationale Identität sind nicht Pioniere einer neuen Weltordnung, sondern Opfer fremder Interessen, weil sie die fremden mit den ‚gemeinsamen' Interessen verwechseln" (Alfred Mechtersheimer: *Nation und Internationalismus*), wahre Hysteriewellen hervorriefen, bestätigt genau das, was Ausländer über „die Deutschen" sagen: Ist dies Volk durch seine Unberechenbarkeit nicht allgemeingefährlich? Verhält es sich nicht vorzugsweise anders als andere? Schrieb Martin Walser doch gerade daher das Wort von jenem Deutschland, bei dessen Namensnennung die Welt „zusammenzuckt". Das Bestürzende daran ist, daß sie es heute nicht mehr allein wegen Auschwitz, Treblinka etc. tut, sondern weil die Anomalien deutscher Reaktionen in der Welt mittlerweile als Äußerungen einer offenbar grundsätzlichen Unberechenbarkeit aufgefaßt und diskutiert werden. Zogen diese Deutschen aus ihrer Geschichte den falschen Schluß, die falsche Lehre?, lautet die immer wieder gestellte Frage. Viele Deutsche aber scheinen Normalität in Fragen der Nation nicht nur für so etwas wie ein Verbrechen zu halten, sie möchten diesen sehr privaten Standpunkt am liebsten auch noch allen übrigen Nationen aufzwingen – was diese sich verbitten. Jenes „An deutschem Wesen wird die Welt genesen", das darin wieder einmal sichtbar wird, sollte doch um alles in der Welt endlich ad acta gelegt sein! Wer sind wir denn, ist nämlich zu fragen, daß wieder einmal ausgerechnet wir nach 1945 den anderen zeigen wollen, wo's lang geht?

Zunächst wird die Welt – aufgeklärtes politisches Denken hin oder her – noch sehr lange und ungeachtet eventuellen Nutzens oder Schadens, der ihr daraus erwächst, aus der Nation heraus und mit der Nation leben. Die weitaus meisten Nationen tun es ohne Bedenken. Daß sich die Deutschen als Nation in einer besonderen Weise die Finger – und weit mehr – verbrannten und nun meinen, auch alle anderen Nationen hätten sich fürderhin nach ihren, der Deutschen, fatalen spezifischen Erfahrungen zu richten, sooft über das Verständnis des Nationalen befunden wird, ist nicht nur dumm und überheblich, es zeugt rundheraus von Taktlosigkeit. Die Unfähigkeit eines nicht geringen Teils der deutschen Intelligenz, zu begreifen, daß Weltbürgertum sehr wohl gleichzeitig mit der Verwurzelung im Nationalen möglich ist, ja, daß es sogar in der Synthese gründet, daß das Homme-du-monde-Verständnis die Bindung ans Herkünftige keineswegs ausschließt, an Nation, Ethnie, Region, Sprache, Geschichte, Kulturüberkommen – die im politischen Denken in der Enge ihrer Geschichte seit dem Dreißigjährigen Krieg steckengebliebenen Deutschen verstehen es nicht. Die Provinz, aus der sie sich mit neidvollem Blick auf andere, die sich zur selbstbewußten Nation entwickelten, hinaussehnen, wurde ihre Natur. Sie blieben Provinz, weil sie nie völlig zur Nation wurden.

Hinzu kommt, daß sie, ihrem Charakter getreu zur Ausschließlichkeit des Entweder-Oder neigend, blind dafür sind, daß ihr Drang, sich selber zu verleugnen, von den anderen als beunruhigend, ja, als unheimlich und bedrohend empfunden wird. Ihr Wunsch nach nationaler Gesichtslosigkeit läßt sie als undefinierbar und als unfaßbar erscheinen. Ihre Neigung, die nationale Komponente ihrer Physiognomie zu verwischen, gibt ihnen in den Augen der Welt gelgentlich fratzenhafte Züge. Die Angst vor der Unvorhersehbarkeit des Ausschlagens ihres psychischen Pendels schafft rings um sie einen Zustand ständiger latenter Alarmbereitschaft – was sich bei geringfügigstem Anlaß regelmäßig zeigt. Ihre einzige Konstante scheint der Extremismus zu sein, begleitet von der Manie, fixe Ordnungen zu schaffen.

Wenn es so etwas wie nationalspezifische Denkstrukturen gibt, dann charakterisiert das deutsche Denken die Bevorzugung der ideologischen Kategorie. Deutsche scheinen immer wieder davon ausgehen zu müssen, die Welt in diese einzuordnen, um sie begreifbar zu machen: „Die Ordnung ist ihnen wichtiger als die Welt." (François Mauriac.) Da sie einer mächtigen, im Laufe mehrerer Generationen in ihrer Sprache geschaffenen Philosophie auf die Dauer nicht gewachsen waren, wichen sie auf Positionen des Ideologischen zurück – diese billigen Ableger der Philosophie, die ihnen zum Denkimperativ wurden. Ideologien wollen „Ordnung schaffen", sie wollen die „saubere" Welt. Wie Motoren, in deren Konstruktion Deutsche von jeher Meister sind. Ein Deutscher erfand den Verbrennungsmotor, ein Deutscher den Raketenmotor, ein Deutscher den Computer. Hier herrscht jene „absolute Ordnung", nach der sich Deutsche so sehnen, über deren Anwendung auf den Menschen Musil freilich sagte: sie führe „zum Totschlag". Sie „huldigen dem Prinzip", nannte Ernst Jünger das. In der Tat: Ausländische Kenner der Deutschen sagen, daß spezifisch deutsche Intelligenz unsicher zu werden beginne, wenn sie sich nicht an Ordnungsgerüsten festhalten könne. Das Goethesche „Inkommensurable" irritiert sie: das Zwei-mal-zwei-ist-fünf als die andere, ideologisch nicht faßbare Komponente der Schöpfung, des Lebens. Hegels Genie denaturierte das Denken ihrer Großen und ließ es in kolossalem Schematismus erstarren. In der Konsequenz forderte danach Marx den ideologisierten Philosophen. Und die Deutschen erfüllten die Forderung. Sie begaben sich damit eines kostbaren Erbes, auf das sie Karl Popper erst wieder hinwies.

So kommt es, daß deutsche Intelligenz auch die Nation allein als ideologische Norm begreift – und dann mit Recht fürchtet! Daß „Nation“ erst durch Ideologisierung zur Mißgestalt wird, sieht sie nicht. Auch der soziale Gedanke wurde ja erst durch Ideologisierung zum menschenfressenden Sozialismus, das Religiöse erst auf gleiche Weise zum Kreuzzugs-, Inquisitions- und Konquistadorenwahnwitz. Der Begriff der Rasse wurde erst durch Ideologisierung zum Völkermordprogramm, die These von der weißen Kulturüberlegenheit erst durch Ideologisierung zur kolonialistischen Hybris. Nation wird erst durch Ideologisierung zum Vernichter der Humanitas.

Die auf ideologische Sichtkanäle reduzierte Betrachtungsfähigkeit ist es denn auch, die nach Botho Strauß’ bemerkenswertem Essay *Anschwellender Bocksgesang* im Intelligenzijadeutschland zu jener Form der Hysterie führte, die in vergleichbarer Lage kaum noch bei einer Nation vorstellbar erscheint – eben: Bolaffis „Immer-Überreaktionen“. Was hatte Strauß getan? Er hatte sich mit anderen als den approbierten Mitteln leidvoll-kritische Gedanken über den Zustand der Deutschen gemacht und damit eine neue Facette in die Gesellschaftsanalyse eingeführt, die ungewohnte und unerwartete Horizonte zu bedenken nahelegte. Die Vokabel aber, die er dabei verwendete, lag jenseits der „political correctness“. Man stelle es sich vor!

Lese einer die folgenden Botho-Strauß-Sätze und urteile, ob sie – wie moralisierende Panikmacher der Nation befürchten – den Untergang des Geistes und der Gesittung in diesem Lande einläuten: „Gesellschaften, bei denen der Ökonomismus nicht im Zentrum aller Antriebe steht, werden aufgrund ihrer geregelten, glaubensgestützten Bedürfnisbeschränkung im Konfliktfall eine beachtliche Stärke oder gar Überlegenheit zeigen.“ Oder: „Daß ein Volk sein Sittengesetz gegen andere behaupten will und dafür bereit ist, Blutopfer zu bringen (…), halten wir in unserer liberallibertären

Selbstbezogenheit für falsch und verwerflich." Oder: „Da die Geschichte nicht aufgehört hat, ihre tragischen Dispositionen zu treffen, kann niemand voraussehen, ob unsere Gewaltlosigkeit den Krieg nicht bloß auf unsere Kinder verschleppt." Oder: „Die Schamverletzungen, die die anarcho-fidele Erst-Jugend um 68 herum beging, sind nun von rechts beerbt worden." Oder: „Ich habe keinen Zweifel daran, daß Autorität, Meistertum eine höhere Entfaltung des Individuums befördert bei all jenen, die sich ihr zu verpflichten imstande sind, als jede Form zu früh leichtgemachter Emanzipation." Erinnert das nicht an Jüngers Klage: daß der Deutschen Jammer in diesem Jahrhundert nicht die Linke, sondern deren fehlende Potenz und Kompetenz gewesen sei?

Wer in solcherlei Positionen „Gefährdungen" vorgeblich „humaner Errungenschaften" des letzten halben Jahrhunderts, „Rückkehr zu nazistischen Primitivismen" oder „konservativen Erstarrungen" sieht, der hat sich vom reichen wie liberalen Wohlstandsstandard das Denken zur materialistischen Floskel ausdünnen lassen, so daß er übergeordnete Lebensrealitäten nicht mehr sieht. Das heißt: Botho Strauß hält in den zitierten wie in vielen anderen Sätzen Erkenntnisse fest, die in jedem anderen nationalen Kulturkreis zum Grundbestand der Wertevorstellungen von Pädagogik bis Philosophie, von Gesellschaftspolitik bis zur Kunst, zur Normalität also gehören. Kennzeichnet es nicht den deplorablen Zustand weiter Teile der deutschen Intelligenz, daß ausgerechnet der aufgeklärte Linke Angelo Bolaffi die „Nation" wie „Vaterland" verdammenden Kritiker des Botho Strauß und der anderen Autoren des Bandes erinnern muß: „Trotz des großen Gewichts, das die supranationale Dimension im europäischen Bewußtsein erlangt hat, bleibt dennoch der Raum des Nationalstaates als geographisch-politische Einheit eine Wirklichkeit, von der wir unmöglich absehen können"? An anderer Stelle: „Deutschland wird sich zu einer Nation wie die anderen entwickeln müssen." Oder wieder: „In vollkommener Ahnungslosigkeit, was die Geschichte (...) betrifft, und die möglichen herben Konsequenzen eines solchen Verhaltens nicht einmal ahnend, hat sie sich (die ‚teutonisch' gewordene Linke: so Bolaffi vorher) im Namen des ‚Pazifismus' zur erbitterten Verteidigerin einer erneuten ‚Sonderrolle' Deutschlands gemacht." Genau dies – die aus Geistesenge kommende Beharrung auf Extravaganzen: auf der deutschen Sonderrolle, die die Welt „zusammenzucken" läßt – bezeichnet jene Arroganz militanter Subjektivität, deren Wirklichkeits- und Weltverachtung als ideologische Besserwisserei zum Merkmal weiter Intelligenzijakreise in diesem Land wurde. Setzt das aber nicht eben jenen „Hochmut der Enge" (Siegfried Lenz) fort, der schon den schauerlichen Provinzialismus der NS-Ideen „ausgezeichnet" hatte?

Ein Querschnitt der rund dreißig Beiträge des Bandes *Die selbstbewußte Nation* anhand von Kernsätzen aus einzelnen Beiträgen kann die Lektüre der Texte nicht ersetzen, er rege zu ihr an:

„Die Einrede, das eigene Volk sei besonders schlecht und unverbesserlich, ist ein Zeichen von sehr viel Hochmut" (Brigitte Seebacher-Brandt: *Norm und Normalität*); „Wer Faschist ist, bestimmen in diesem Lande inzwischen Redakteure und Journalisten ‚seriöser' Medien oder Funktionäre und Abgeordnete ‚seriöser' Parteien (Ulrich Schacht: *Stigma und Sorge*); „Die Stärke der Linken liegt darin, daß sie Erlösungs-Utopien bereithält, die den Menschen das Paradies auf Erden versprechen" (Rainer Zitelmann: *Position und Begriff*); „Das ganze Geheimnis der deutschen Politik ist ja der Köhlerglaube, man müsse nur alles um 180 Grad anders als Hitler machen, dann sei es schon gut und richtig" (Peter Meier-Behrfeld: *Deutschland und Österreich*); „Stilfragen und Umgangsformen werden in Deutschland eher gering geschätzt – anders als in der angelsächsischen Welt, in den Mittelmeerländern, aber auch in Osteuropa" (Jochen Thies: *Masse und Mitte*); „Die heile Welt der Wohlstandsgesellschaft hat aus der Enthemmung eine Tugend gemacht"

(Rüdiger Safranski: *Destruktion und Lust*); „Letztlich geht es um die Erkenntnis, daß Freiheit ein zerbrechliches Gut ist und menschliches Verhalten der Bindungen bedarf, damit sich feste Wertorientierungen bilden, die dem menschlichen Leben Sinn und Perspektiven geben" (Rudolf Wassermann: *Recht und Gewalt*); „Wer sich selbst als Person und Nation nicht annimmt, kann auch seine Umwelt nicht akzeptieren" (Michael Wolffsohn: *Nationalstaat und Multikultur*); „Der Versuch, die Gliederungen der Menschheit zu ignorieren (...), ist zum Scheitern verurteilt (...) Das Pathos des Universalen wird immer schneller verzehrt" (Karlheinz Weissmann: *Herausforderung und Entscheidung*); „Die politische Klasse in Deutschland bauscht ‚Schuld' auf, um sich verweigern zu können" (Michael Inacker: *Macht und Moralität*); „ ... umgekehrter Rassismus, nämlich der gegen das eigene Volk" (Manfred Brunner: *Europa und die Nation*). Natürlich gibt es Thesen in der Sammlung, denen zuzustimmen unmöglich ist. Doch rechtfertigen sie keineswegs das pauschalierende Unisono der geifernden Reaktion auf *Die selbstbewußte Nation.* Mit der sachlichen Widerlegung wäre uns allen der bessere Dienst erwiesen worden.

Denn die Beiträge dieses Bandes sind in summa Feststellungen, die jeder nüchterne Beobachter der Deutschen längst ebenso traf. Wir können es drehen und wenden, wie immer wir wollen: Wir Deutschen sind wie alle anderen Nationen nur als eindeutig definierte, unzweideutig auf uns selbst festgelegte Nation für die Welt zu goutieren, wir sind es niemals in der messianischen Selbsternennung zu national wurzellosem Weltbürgertum; das wird uns mit Recht als Flucht vor uns selber ausgelegt. Nicht in Nord-, West-, Ost- oder Südeuropa, auch nicht in Nordamerika würden die wesentlichen Formulierungen in *Die selbstbewußte Nation* Anstoß erregen.

Doch ebenso wäre es zu billig, die nicht zu ihrer inneren Balance kommende Nation der Deutschen mit dem Hinweis auf die Ereignisse des 20. Jahrhunderts begreifbar zu machen. Madame de Staël hatte schon zu Beginn des 19. Jahrhunderts in *De l'Allemagne* festgestellt, daß die Deutschen „zur Abwertung ihrer selbst" tendierten und kein Verhältnis zu sich selber hätten. Sie tendieren freilich – was ja, psychologisch hinterfragt, aus derselben Wurzel kommt – ebenso zur Maßlosigkeit Wilhelminischer Selbstüberschätzung: die Pendelschläge desselben Uhrwerks. Und der aufgeklärte Lessing stellte schon im 18. Jahrhundert fest, daß die Deutschen im Unterschied zu den anderen „keinen Nationalcharakter" haben wollten. Daß sich, wie Hölderlin ebenso bitter anmerkte, Barbarisches „seit altersher" bei ihnen erhalten habe. Sogar auf Luthers harsches Urteil läßt sich in diesem Zusammenhang zurückgreifen. Was also ist mit dieser Nation los?

Der Hinweis auf das stammesgeschichtlich vorgezeichnete föderative Selbstbegreifen der Deutschen bleibt als Erklärung im Äußerlichen hängen. Denn Tatsache ist, daß sich die führenden Schichten – das war großenteils der Adel – auf Kosten des Volks aus dem europäischen Prozeß der Nationalbildungen ausklinkten, weil ihnen sowohl die kollektive politische Intelligenz als auch Egoismus wie die Disziplin fehlten, europäische Entwicklungen zu begreifen, um, gleich den anderen, Nationsbildung zu ermöglichen. Doch gibt es dafür auch die kollektive Verantwortung. Mit ihrer Fähigkeit zur außerordentlichen Kraftanstrengung warfen die frühen Deutschen einst das Lateinische: das Römische aus ihren Lebensgebieten hinaus – und mit ihm eben jenes zivilisatorische Element, das den Einzelnen mit der Gemeinschaft zur Synthese verbindet und die Spannungen regelt, die daraus erwachsen, das die Individualität ohne Selbstpreisgabe im kollektiven Raum ansiedelt und die Dramatik des Miteinander zugleich im Zeichen der Gesittung aussöhnt. Sie neigen dazu, entweder mitläuferische Masse oder zügellose Eigenbrötler zu sein – Bolaffis „Überreaktionen". Lehnen sie es doch bis heute ab, die Begriffe „Zivilisation" und „Kultur" wie alle anderen Nationen als Einheit zu begreifen: Sie veranschlagen „Kultur“ höher, um sich der disziplinierenden Norm „Zivilisation“ beruhigten Gewissens zu entziehen. So dachten die Nazis.

Es drückt sich eine geradezu enorme politische und soziale Kurzsicht darin aus, wenn Deutsche heute die Nation für „überwunden“ erklären, bloß weil sie die Bildung der eigenen versäumt bzw. substantielle Gehalte der eigenen ruiniert haben. Und nicht zu erkennen, daß die anderen davon nichts wissen wollen, fügt, wie gesagt, der Kurzsicht die Taktlosigkeit hinzu. Eine Textsammlung wie *Die selbstbewußte Nation* versucht, Antworten auf diese Fragen zu geben, deren Ausstehen sich überall bemerkbar macht. Nicht also Aufgeregtheit und ideologische Ekstasen sind gefordert, sondern Nachdenken über Versäumnisse, sachlicher Einwand, sachliche Selbsterkenntnis. Der Ton der ablehnenden Reaktionen aber auf *Die selbstbewußte Nation* weist justament auf den immer noch nicht zum Verstummen gebrachten Barbarismus des Denkens hin, der den Deutschen von der Welt nachgesagt wird.

In *Südostdeutsche Vierteljahresblätter*,
1/1996, München

Innereuropäischer Kulturdialog

Lückenhafte Marginalien zu einem großen Thema

Lassen Sie mich also über Europa sprechen – wie mein Auftrag für die folgenden Minuten lautet. Europa, sage ich gleich zu Beginn, das immer soviel wert sein und auf der internationalen Waagschale wiegen wird, wie es seine Völker im Einzelnen sind. Nicht über das Europa selbstzerstörerischer Kriege mit den Köpfen voller Hass, falscher Nationalismen und egoistischer politischer Tricks.

Nein, ich meine das Europa der Vernunft, der Humanitas, der Kultur und Künste und der fruchtbaren interkontinentalen Begegnungen. Um es geographisch zu umreißen: Das Europa von Paris bis Kuibyschew, von den Shetlandinseln bis zum Ural, von Amsterdam über Budapest bis Bukarest und von Berlin bis Sewastopol oder von Hammerfest, Uppsala und Riga bis Belgrad und Odessa.

Es läßt sich auch sinnenhafter und bildlicher ausdrücken: Ich meine das Europa des Wunders der gotischen Kathedrale zu Chartres aus dem 12. bis zum Wunder des Kiewer Höhlenklosters Petscherskaja Lawra aus dem 11. Jahrhundert. Von der Rosette in der Fassade des Straßburger Münsters bis zu den großformatigen Ikonen aus der Zeit des Zaren Boris Godunow. Von den Mysterien der Farbfenstermosaike im Dom zu Köln am Rhein bis hin zu jenen der Fresken auf den Außenmauern der Klöster Voroneţ und Suceviţa in der Moldau. Oder vom Escorial Philipps II. in Kastilien bis zum Palast des Fürsten Grigorij Potjomkin in Jekaterinoslaw, vom phänomenalen Moses des Michelangelo in San Pietro in Vincoli bis zu den sassanidischen und byzantinischen Schätzen in der Eremitage. Aber auch von der Jenseitigkeit der Musik Johann Sebastian Bachs bis zur Abgründigkeit der altslawischen Liturgiegesänge. Doch nicht zu vergessen von der Magna Carta libertatum, dem Grundgesetz aus dem 13. Jahrhundert der Engländer, bis hin zur Ruskaja Prawda, dem Corpus iuris civilis des Großfürsten Jaroslaw des Weisen aus dem 11. Jahrhundert. Nicht zuletzt muß in dieser willkürlichen Reihung die Rede sein von der Handelsroute der deutschen Hanse im 15./16. Jahrhundert aus Lübeck an der Ostsee über Krakau an der Weichsel und Bacău an der Bistritz bis zum Schwarzen Meer.

Fassen wir näher gelegene Jahrhunderte ins Auge, so darf der Hinweis auf den Austausch der innereuropäischen Ideenbewegungen, die den geistigen Atem unseres Kontinents seit jeher bestimmen, erst recht nicht unterbleiben. Abgesehen von den Unternehmungen, sich durch immer zahlreiche Übersetzungen einander mitzuteilen – es sind mehr als auf jedem anderen Kontinent – etwa das Literaturgespräch zwischen Paris und Moskau, die gegenseitige Befruchtung der deutschen und österreichischen mit den tschechischen, russischen und ukrainischen Musikzentren, die florentinischen Architekturimpulse in Sankt Petersburg, aber ebenso schon die Präsenz der italienischen Baumeister Ferovanti oder Selario in Moskau im 16. Jahrhundert. „Die Kultur Europas", schrieb der ehemalige Präsident der Föderation Europäischer Schriftsteller Jochen Kelter erst vor Kurzem, „ist seit zweitausend Jahren auf der Wanderschaft." Und der niederländische Schriftsteller Geert Mak ergänzte dieser Tage: „Europa (…) ist ein Kontinent, auf dem man mühelos in der Zeit hin und her reisen kann."

Natürlich konkretisierte sich diese Wanderschaft der Ideen und Impulse im Lebensweg herausragender Europäer, deren Namen bis heute Glanz behielten. Einige Beispiele aus den letzten Jahrhunderten: Um die Mitte des 18. Jahrhunderts lebte der Pariser Voltaire am Hof des Preußenkönigs Friedrichs II. des Großen in Potsdam – der Berliner Alexander von Humboldt hingegen ein Dreivierteljahrhundert später mehrere Jahre in Paris, wie kurz danach auch der Pole Chopin. Die in Sankt Petersburg residierende Zarin Katharina II. die Große wiederum war eine Deutsche aus der Familie Anhalt-Zerbst. Hatte jedoch nicht schon vorher der moldauische Fürst und Gelehrte Dimitrie Cantemir – seit 1714 Mitglied der Berliner Akademie – als Freund des Zaren Peters des Großen in Rußland gelebt, wo er auch starb? Hierher gehört es auch, dass der in Craiova in Südosteuropa geborene Titu Maiorescu in Westeuropa jene entscheidenden geistigen Impulse erhielt, die er mit epochaler Wirkung für die Kulturorientierung der Rumänen umsetzte, dass Mihai Eminescu die Jahre 1869–1874 in Wien und Berlin verbrachte, Rumäniens bedeutender Dramatiker Caragiale 1904–1912 hier lebte und starb. Und war die weltweit bekannte *Erste Rhapsodie* des im Nordosten der Moldau geborenen George Enescu nicht in Westeuropa, in Paris, entstanden? Als m. E. symbolisch für diese innereuropäischen Ideenflüsse sei schließlich der Hinweis erlaubt, dass der katholische Österreicher Rainer Maria Rilke sein berühmtes dreiteiliges *Stunden-Buch* im morgenländisch-orthodoxen Rußland zu schreiben begann, während der gläubige orthodoxe Christ und Russe Dostojewskij seinen großen Roman *Die Brüder Karamasow* im abendländischen Baden-Baden und im protestantischen Berlin schrieb bzw. entwarf.

Die Beispiele dieser Art andauernden Revirements europäischer Geistespotenz zwischen den jeweiligen Kulturzentren ließen sich endlos anführen. Ich bin auf Beschränkung angewiesen, und es geht mir – wie Sie längst bemerkt haben – zunächst um die Skizzierung der Fähigkeit der Europäer, sich trotz ihrer Polarisierungen und unabhängig von ihnen gegenseitig anzuregen, es geht mir in diesem Teil meiner Ausführung darum, Ihnen Europa als Einheit in Erinnerung zu rufen – oder, nach einem Wort von Thomas Sterns Eliot, als „Einheit in der Vielfalt“: Europa als ein Kosmos des *aus* allen und *in* alle Himmelsrichtungen strömenden Gebens und Nehmens.

Dass die Dynamik, mit der dies geschah, Wirkungen auch über Europa hinaus erzielte, die bis in unsere Epochen lebendig sind, gehört ebenfalls hierher. Denken Sie z. B. daran, dass Vision, Plan und Erarbeitung der mathematischen Voraussetzungen für die Weltraumflüge nicht weit von hier ausgingen – vom siebenbürgischen Physiker Hermann Oberth, den die Historiker den „Vater der modernen Raumfahrt" nennen, und fast gleichzeitig von einem zweiten Europäer, dem russischen Astrodynamiker Konstantin Ziolkowsky. Die beiden genialen Männer hatten sich trotz der strengen politischen Grenzen einander mitgeteilt. Denken Sie ebenso daran, dass es ein Europäer – der Ukrainer Sergej Koroljow – war, der den ersten künstlichen Erdsatelliten, „Sputnik", zu deutsch „Reisegefährte", entwickelte und ins Weltall aufsteigen ließ; vier Jahre später war es dann der 24jährige Russe Juri Gagarin, der, 1961, als erster Mensch die Erde in einer Raumkapsel umrundete, dass es, weiter, der Deutsche Wernher von Braun war, der den US-Amerikanern die „Apollo 11" baute, die 1969 zum ersten Mal Astronauten auf den Mond brachte. Als Reverenz vor der Stadt, in der wir uns befinden, nenne ich schließlich noch einen Europäer vergleichbaren Formats: den Bukarester Henry Coandă – er schuf 1910 das erste strahlgetriebene Flugzeug, 1911 die erste zweimotorige Flugmaschine und baute 1919 das erste Luftkissenboot. Coandăs Nachfolgemodelle fliegen und schwimmen heute über allen Kontinenten, auf allen Meeren des Globus. Coandă wurde 1886 hier geboren und starb – nach Aufenthalt in Frankreich und den USA – vor vierzig Jahren ebenfalls hier.

Der Élan vital, von dem der Franzose Henry Bergson in den Jahren vor dem I. Weltkrieg schrieb, erhielt sich den Europäern also bis in unsere Epochen. Der in Rumänien geborene, in Paris an der Sorbonne und in Innsbruck an der Leopold-Franzens-Universität zum Kunstwissenschaftler und Kulturphilosophen ausgebildete Walter Myss (1920–2008) veranschaulichte in seinem 1981–1985 erschienenen Hauptwerk *Von Daidalos bis Picasso. Europäische Geistesgeschichte im Spiegel der Kunst*, dass der überwiegende Teil der Grundmuster, die heute das Bild der Zivilisationen auf den fünf Erdteilen bestimmen, in Europa entstand. Nicht allein – notiert er unter anderem – gehen die Normen wissenschaftlichen Denkens nach dem Prinzip empirischer Forschung an allen Universitäten und in allen Forschungslabors auf der Erde auf einen Europäer zurück, den Griechen Aristoteles im 4. Jahrhundert v. Chr., sondern ebenso begann, fast zweieinhalb Jahrtausende später, auch das weltweit zu Lande, zu Wasser und in der Luft benützte Fahrzeug mit Verbrennungsmotor seinen Weg in Europa: Die beiden Deutschen Gottlieb Daimler und Wilhelm Maybach ersannen und bauten ihn. Aber denken Sie in diesem Zusammenhang z. B. auch an den Briten Ernest Rutherford, den „Vater der modernen Atomphysik", die heute nicht weniger die Geister auf unserer Erde erregt – ich fasse es in die makabre Formel: Seit Hiroshima 1945 über Tschernobyl 1986 bis Fukushima 2011.

Doch nicht nur aus der Domäne der Naturwissenschaften und ihrer Techniken bezieht Walter Myss die Belege für seine Behauptung von der globalen europäischen Prägekraft – eine Erkenntnis übrigens, zu der nach ihm auch der englische Kulturhistoriker Mark Leonard kam, der 2005 schrieb, dass „die europäische Art, die Dinge anzugehen, sich in der Welt durchsetzen wird". Myss stellte überdies fest, dass europäische Modelle sogar in der Kunst global vorbildhaft wurden, wenn sich z. B. japanische Komponisten der in Europa entwickelten Form der Symphonie bedienen, wie ja das dortige Konzertleben weitgehend mit europäischer Musik bestritten wird. Wußten sie, dass aber auch das Taschentuch, das Damen und Herren auf allen Kontinenten bei sich tragen – so ist zumindest anzunehmen –, eine Erfindung der italienischen Renaissance ist?, dass der weltweit getragene Herrenanzug nebst Krawatte im 19. Jahrhundert zunächst von den Europäern Form und Façon erhielt?, dass die von London bis Birma, von Oslo bis Kapstadt, von New York bis zum Feuerlandarchipel getragene Schuhform in Europa kreiert wurde? Erinnern Sie sich auch daran, dass der moderne Sport mit der Vielzahl seiner Gattungen von Europa aus die Welt „eroberte“ – die Leichtathletik ist eine Erbe der griechischen Antike, die olympische Idee der Neuzeit kam aus Frankreich, das Fußballspiel wurde in England entwickelt, das Handballspiel in Deutschland erfunden. Und – mehr als alles andere – die Idee des Humanismus als Philosophie, als auf den Menschen gerichtete Weltanschauung ging vom Europa des 14.–16. Jahrhunderts aus. Sie gehört heute zumindest zum Vokabular aller Staaten und dient ihren Regierungen als wichtigste Legitimation.

Es ist nicht meine Absicht, hier die Frage nach dem Grund zu stellen, wieso Europa zur Gedankenquelle von globaler Ergiebigkeit wurde. Es ist jedoch meine Absicht, Sie auf ein Charakteristikum hinzuweisen, das nicht allein Substanz und Struktur, sondern auch den Reichtum der Bekundungs- und Erscheinungsformen Europas ausmacht. Ich meine dies: Der Kern der europäischen Kulturpotenz liegt in der Vitalität seiner Regionen – sofern wir unter Region eine gesellschaftliche Gruppe verstehen, die – auch abgesehen von ihrer Nationszugehörigkeit – in geschichtlichem Wachstum erkennbare Spezifika entwickelte; Region demnach als in sich geschlossener Kulturraum. Sollte Europa die Vielfalt an regional definierter Ausdrucksfähigkeit verlieren, wird es aufhören, dasjenige Europa zu sein, das wir, unabhängig von unserer Nationalität, im Sinne des uns angemessenen Kulturklimas als Heimat empfinden. Das ist nur bedingt, nur abstrakt und ideologisch in der nationalen, es ist allein in der überschaubaren regionalen Dimension als persönliches Ereignis möglich „Ohne Tradition ist der Mensch doch ein Fremder im eigenen Land“, antwortete mir ein Italiener in Garda erstaunt auf die Frage nach dem Grund der außerordentlichen Beteiligung an der seit Jahrhunderten als Volksfest – als Festa popolare – ausgetragenen Regatta aller Ortschaften der Garda-See-Landschaft.

Sehen Sie, ich kann mir z. B. nicht vorstellen, dass die Toskana ohne ihre alten und bis heute vor Lebenslust überbordenden regionalen Bräuche die Toskana wäre. Natürlich ist die Toskana die Landschaft der florentinischen Kunstschätze – der David-Gestalt in Bronze des Donatello, der späteren in Marmor des Michelangelo, des Palazzo Strozzi, des Ponte Vecchio etc. Aber sie ist zumindest im gleichen Maße die Heimat z. B. des seit dem Mittelalter ungebrochen lebendigen Volksfestes des *Calcio in costume* auf der Piazza della Signoria, des *Scoppio del carro* oder vieler anderer vergleichbarer Manifestationen von La Spezia im Norden bis Arezzo im Süden. Oder können Sie sich Andalusien vorstellen ohne den bis ins 16., wenn nicht gar ins 15. Jahrhundert zurückreichenden Flamenco-Tanz mit seinen Variationen wie *Alegria*, *Fandanguillo*, *Farruca*, *Milonga*? Auch hier wie im Fall der Toskana: Selbstverständlich sind Architekturen wie die Mezquita in Córdoba und das Minarett La Giralda in Sevilla herausragende Wahrzeichen der Region Andalusien. Doch von nicht minderer Präsenz ist es der hier entstandene Kastagnettentanz, der dazu gehörende Gesang – der *Flamenco cante* – und die Gitarrenbegleitung – der *Toque*. Usw.

Alle diese an die Region gebundenen Erscheinungen bedeuten in summa sowohl kulturellen Reichtum als auch historische Information. Wer z. B. die Gelegenheit hatte, in Südtirol aus Anlaß der Himmelfahrt Marias am Pilgergang einer Dorfgemeinde in einem Tal der Dolomiten oder der Stubaier Alpen zu einer Anhöhe hinauf teilzunehmen, wird über die berühmte Burgen- und Festungsarchitektur der Grafen von Tirol hinaus erfahren, wo das Herz dieser einzigartigen Region schlägt: wo ihre Lebenskraft und deren Orientierung liegen. Mitten zwischen den Menschen in Festtracht vom fünften bis zum neunzigsten Lebensjahr unter den Fahnen der Muttergottes zu stehen, deren Segen der Pfarrer für die Anwesenden und für die Welt erbittet, macht den uralten sakralen Pilgerakt als Erlebnis im Sinne des Wortes aus den Römerbriefen spürbar: *Si Deus pro nobis, quis contra nos?* Erst von dieser sicheren Glaubensgestimmtheit her werden auch die Kunstschätze Tirols, die Klöster, Schlösser und ihre Bibliotheken, in ihrem geistigen Impetus verständlich.

Im gleichen Sinne müßte auch von jenen Bauern der bayerischen Hallartau-Region die Rede sein, die seit der vorkarolingischen Zeit – seit dem frühen 8. Jahrhundert – Hopfen anbauen und zur Erntezeit Wahlfahrten unter großer Beteiligung vornehmen, ein Ritual, das sich bei genauem Hinsehen wie der Text eines aufgeschlagenen Buches über zurückgelegte historische Wege liest. Es könnte genauso über jene Lieder und Tanzweisen finnischer Waldarbeiter gesprochen werden, in denen sich Elemente der Pentatonik aus den germanischen Runen-Melodien – c-d-e-g-a – nicht nur in musealer Aufzeichnung, sondern als immer noch gesungenes Musikgut erhielten. Oder über den rund eintausend Jahre alten Brauch des Abrollens von Feuerrädern im Friaul, im Odenwald, Sauerland, Spessart, im Tessin und Weserbergland. Usw. Es wäre mutatis mutandis Gleiches über die Provence, über Kastilien, Burgund, die ungarische Puszta, die Zips und Böhmen oder östliche Landschaften wie etwa die polnische Wojewodschaft Tarnóv mitzuteilen – regionale Zentren, deren Potenz die Potenz der Völker Europas ergibt.

Wozu aber den Blick auf Kastilien oder die Provence richten, befinden wir uns doch hier in einem Land, dessen Regionen in ihrem Kulturgepäck all dies in exemplarischer Fülle besitzen? Gehen Sie z. B. in die Maramuresch und erleben Sie, wie ich, die Ernsthaftigkeit der halb sakralen, halb profanen Umzüge der Bauernburschen von den Berghöfen am Heiligdreikönigstag mit überlieferten Sprüchen, mit festgelegter Rede und Gegenrede. Nach viereinhalb atheistischen Kommunismusjahrzehnten erfuhr der Brauch eine

Auferstehung in nicht geahnter Lebendigkeit – er war stärker als die Diktatur. Gehen Sie in eine Siedlung in den moldauischen Ostkarpatenwäldern und wohnen Sie einem Osterfest mit sonst nirgendwo anzutreffenden Festgewändern und Kulthandlungen bei. Oder erinnern Sie sich der von der genialen Maria Tănase gesammelten und gesungenen Volkslieder, Klagegesänge, Freudenrufkadenzen ... Wissen die Menschen dieses Landes, welche Schätze sie hier besitzen?

Alle diese Feste von Sizilien bis in die Moldau, von Kreta bis in die Puszta, sei es in den Glanzfarben italienischer Renaissancekostüme, sei es in peloponnesischen Hirtentrachten, dazu die regionalen Idiome und die seit ungezählten Generationen weitergegebenen Tänze oder Lieder etc. ergänzen das Bild unserer Persönlichkeit über das plakativ repräsentative Kulturzeugnis hinaus substantiell – sofern wir, freilich, Wert darauf legen, über den Tag hinaus uns selber wahrzunehmen und wissen wollen, wer wir sind, woher wir kommen, in welchem Boden wir wurzeln.

Und überlegen Sie schließlich, wie viel etwa aus der Musik der Völker in die europäische Kunstmusik einfloß – von Bach über Beethoven bis Verdi, Bartók und Enescu, wie stark Märchen und Sagen in die Literatur der Europäer hinein wirkten. Ließ sich nicht Mihail Sadoveanu von der Volksballade *Miorița* zum Roman *Baltagul*, Goethe vom Volksbuch *Faust* zu seiner zweiteiligen Tragödie, Shakespeare von der Sage über den britannischen Herrscher zu *König Lear* anregen?

Nun, in den Ländern Ost- und Südosteuropas deutete die kommunistische Kulturideologie nicht allein das gesamte geistige Erbe in ihrem Sinne um, sie degradierte zugleich den gesamten Komplex der Volkskultur und -kunst zur Attrappe. Die Aushöhlung ging nach der Losung des Lenin-Wortes „National in der Form, sozialistisch im Inhalt“ vor sich, die Individualität der Regionen wurde aufgelöst im uniformen „Neuen Menschen“. Nicht mehr der historisch entwickelte Wesenskern war ihr Inhalt, sondern die Absicht der Allerweltsideologie. Aber um nichts anderes in der Auswirkung sieht sich heute der Wille zur Behauptung regionaler Eigenstämmigkeit einem geschichtlich angelegten und ebenfalls gegen ihn gerichteten Prozess ausgesetzt: der von ökonomischen Interessen und Ansprüchen ausgehenden Vereinheitlichung der Gesellschaft – der Globalisierung.

Es entspricht der Logik dieser Situation, dass sich der 1949 geschaffene Europa-Rat – Conseil de l'Europe – vor rund zwei Monaten in einem Papier mit dem Schutz der Regionen in den Staaten der Europäischen Union befaßte; die Institution in Straßburg erkannte die kulturelle Verödungsgefahr nicht allein in den Ländern ihrer Verantwortung, sondern in ganz Europa – und damit die der Schädigung der kontinentalen Kulturpotenz. Die Erkenntnis hat mit der immer heftigeren Reaktion von immer mehr Regionen in Ländern wie Deutschland, Frankreich, Niederlande, Österreich auf die weltweite Vereinheitlichungstendenz, d. h. auf die Niederwalzung ihrer Eigenart zu tun, sie ist die zwangsläufige Antwort auf die Bedrohung ihrer Individualität. Unter dem Druck mächtiger transnationaler Vorgänge in der Finanz-, Investitions- und Industriepolitik macht sich, wie Soziologen feststellen, der Widerstand vor allem besonders profilierter und kulturell eigenwüchsiger Regionen bemerkbar; sie haben das als „reaktives Bedürfnis nach Selbstbesinnung“ bezeichnet. Ihre Sprecher weisen dabei auf die seit jeher europabestimmenden Kulturstrukturen der Regionen hin, auf die, wie sie sagen, im Tausch gegen falsch interpretierte Fortschrittlichkeit ohne kollektiven Schaden auf Dauer nicht verzichtet werden könne, und ohne die – wie der Bundespräsident Deutschlands, Joachim Gauck, vor wenigen Tagen anmerkte – „Europa nicht Europa sein kann“.

Genau an diesem Punkt drängt sich ein nächstes Problem von existentiellem Gewicht ins Blickfeld des Beobachters; ich will es erklären: Es ist Ihnen aufgefallen, dass ich eingangs dieser Ausführung nachdrücklich auf Europas Ideenflüsse von Ost nach West und umgekehrt hinwies, *nicht* aber auf die vergleichbaren Nord-Süd-, bzw. Süd-Nord-Bewegungen. Der Grund: Der 1917 von den Siegern der bolschewistischen Revolution niedergelassene Eiserne Vorhang bedeutete eine so gut wie hermetische Abriegelung der soeben entstandenen Sowjetunion von Europas Mitte und Westen; nach 1945 schloß diese Abriegelung dann eine Reihe weiterer Länder des Ostens und Südostens in ihren geographischen *und* politischen Isolationsraum ein. Sie wurde so zu einer Grenzmauer zwischen Europa Ost und Europa West und erhielt sich bis 1989/90, das ist rund ein Dreivierteljahrhundert lang … Viel zu lange sahen die Zeithistoriker in ihr ausschließlich eine *politische* Ost-West-Teilung. Sie war jedoch viel mehr: Sie war eine *kulturelle* Zweiteilung unseres Kontinents, sie bedeutete die gewaltsame Durchschneidung des geistigen Gewebes Europa. Machte einst „die Wanderung der Kultur durch ganz Europa", von der Jochen Kelter sprach, Substanz und Erscheinung Europas als „Vielfalt in der Einheit" aus, so zerstörte der *Eiserne Vorhang* – eine Prägung Joseph Goebbels', die Winston Churchill übernahm – den trotz aller polarisierenden Spannungen und blutigen Auseinandersetzungen gewachsenen kontinentalen Kulturorganismus … Ein in der Geschichte unseres Erdteils bis dahin unvorstellbarer Akt barbarischer Zivilisationszertrümmerung! Wohl hatte es schon *vor* der Oktober/November-Revolution von 1917 – bereits im 19. Jahrhundert – Differenzen zwischen westlicher und östlicher Mentalitätsorientierung gegeben, denken Sie an Dostojewkijs Zorn auf „die Westler", der auch Tolstois Zorn war, da beide den rationalistischen Akzent Westeuropas als „Gefahr für die russische Seele" begriffen. Doch nun vertieften und brutalisierten sich diese Differenzen in den Händen der Sowjets aus ganz anderen Gründen zu einem Zustand ohnegleichen. Wer nach den Anfängen dieses Phänomens sucht, wird nicht zuletzt auf die von der Aufklärung – der Lumière – in Europas Westen weit nachhaltiger als in Europas Osten etablierte Wirkung rationalistischer Denkweisen stoßen.

Der Ende der 1930er Jahre im sibirischen KZ-Imperium Stalins verschwundene Deutsche Walter Schubart, einer der intensivsten Osteuropakenner des 20. Jahrhunderts, formulierte es in seinem Buch *Europa und die Seele des Ostens* (Neuauflage 1998) so: „Das östliche Denken hat stets etwas von Prophetie, von Priester- und Sehertum. Es hat nie etwas von Mathematik. (…) Seine Kultur des Urvertrauens verschmäht das Kausalitätsprinzip, das für den Westen eigentümlich und unentbehrlich ist." Anders ausgedrückt: Der „Esprit géometrique" der französischen Aufklärer, das ist die in mathematisch kalkulierendem Verständnis denkende Lebenshaltung, die von Immanuel Kant postulierte „reine Vernunft" oder Max Webers „instrumenteller Rationalismus" sind dem östlichen Denken traditionell fremd. An die Stelle des seinem Wesen nach westlichen „Willens zur Macht" Nietzsches tritt im Osten die Liebes-Idee, an die der Bereitschaft des Westens zur offensiven, ja aggressiven Problemlösung tritt im Osten die Gewißheit im Bewahren. Die vom Westen ausgegangenen Naturwissenschaften, schrieb der englische Historiker Peter Watson 2010 in seinem monumentalen Werk *Der deutsche Genius. Eine Geistes- und Kulturgeschichte von Bach bis Benedikt XVI.* frei nach Jürgen Habermas, „die Naturwissenschaften zerstörten die Grundlagen des religiösen Glaubens und boten nichts als Ersatz an". Das irritierte den Osten zutiefst.

Das Bewußtwerden dieser Divergenz in der zweiten Hälfte des 19. Jahrhunderts drängte fast alle bedeutenden Geister des Ostens zu Kulturproklamationen, und während im Westen zusätzlich zur naturwissenschaftlich bedingten Lockerung der religiösen Bindung ausgehend vom Symbolismus zu allen anderen auch noch die Tendenz wuchs, die Religion durch die Kunst zu ersetzen, wies ein östlicher Schriftsteller wie der von mir hoch geachtete Pole Czesław

Miłosz (1911–2004) noch im Jahr 2001 diese Tendenz mit dem kategorischen Satz zurück: „Ich anerkenne diesen Ästhetizismus nicht!“ Das darf pars pro toto als die Haltung des Großteils der östlichen Intellektuellen verstanden werden. An anderer Stelle umschrieb Miłosz die unterschiedliche Ost-West-Befindlichkeit folgendermaßen: „Durch Europa verläuft eine Gefühlslinie, und alles, was östlich von ihr liegt, erscheint dem Westen unverständlich. Ich komme aus jenem Teil Europas. (…) Früher stand dort geschrieben: ‚Ubi leones‘ – wo die Löwen wohnen.“ Dies östliche Anderssein, schon lange *vor* dem Eisernen Vorhang hundertfach definiert, ergriff nach und nach auch das südöstliche Europa.

Der bosnische Schriftsteller Ivo Andrić (1892–1975) schrieb darüber ebenso wie der Rumäne Émile Cioran (1911–1995), eindeutig auch der Mazedone Mitko Madzunkow (*1943), der die entlarvende Frage stellte: Was denn habe der Aufklärungsrationalismus den europäischen Völkern in der Praxis des Zusammenlebens gebracht? Er gibt die Antwort mit dem Hinweis auf die beiden Länder der bedeutendsten Aufklärungsgeister, Frankreich und Deutschland, und deren seit der Aufklärung gegeneinander. geführte verheerende Kriege von Napoleon bis Hitler. Der kroatische Philosoph Boris Buden (*1956) benannte seine Vorbehalte gegen das aufgeklärte Westeuropa mit dem Satz: „In unserer Abneigung gegen Europa liegt ohne Zweifel unsere Rettung – aber auch unser Verhängnis.“ Und die Polin Maria Janion faßt das heutige postrevolutionäre Dilemma des Ostens in die Forderung: „Nach Westen – ja, aber nicht ohne unsere Toten“, das heißt: mit dem eigenen, spezifischen östlichen Erbe, mit der Fülle östlicher Traditionen und historisch geformter Denk- wie Verhaltensweisen und deren emotionaler Werteordnung. Daraus spricht *auch* das Selbstbewußtsein der dem Westen überlegenen ethnographischen Pracht des Ostens.

An dieser Stelle bringe ich abermals die Regionen ins Gespräch. Denn *sie* vor allem sind es, die von den diktatorischen Ideologien in den ehemaligen „Ostblockstaaten“ – mit unterschiedlicher Nuance von Land zu Land – deswegen zerstört werden sollten, weil ihr Wille zur Individualität die zäheste Widerstandskraft barg – und immer noch birgt. Wieder nämlich kommt, ich sagte es, in unseren Tagen der Vorbehalt aus den Regionen, diesmal gegen die uniformierende Absicht der Finanz- und Ökonomiepotenziale. Von ihrer „wachsenden Gegenwehr“ sprach Walter Laqueur – 1964–1991 Direktor des Londoner Instituts für Zeitgeschichte – in seinem fulminanten Buch von 2006 *Die letzten Tage von Europa*. Freilich wird sich auch die Idee der Regionalität nur dann legitimieren können, wenn zu ihrem kulturellen Verständnis die Friedfertigkeit und damit die Humanitas tritt.

Zu meinem Ärger bin ich mir des Umstands bewußt, dass alle meine Anmerkungen der verfügbaren Zeit wegen nicht viel mehr als unbefriedigende Bruchstücke bieten. Dessen ungeachtet halte ich fest, dass die innereuropäische „Kulturwanderung“ trotz des 1840 vom russischen Philosophen Pjotr Tschaadajew losgetretenen Disputs pro und contra West/Ost–Ost/West-Gemeinsamkeit, trotz des Eisernen Vorhangs von 1917 bzw. 1945 bis 1989/90 die einzige kontinentale Wegmarke für unsere Zukunft sein kann. Wir müssen jedoch akzeptieren, dass die Niederreißung des Eisernen Vorhangs der Kommunisten nur der erste Schritt auf diesem Weg war. Denn die kardinale Folge der Durchtrennung Europas war zum einen die exzessive Hinwendung der nicht betroffenen Länder zum transatlantischen Westen bei gleichzeitiger Einbuße des Gefühls der Verbundenheit mit dem Osten, zum anderen die Entfremdung der europäischen Völker dies- und jenseits der Trennungsmauer. Vor allem aber die mit Arroganz gepaarte innere Abwendung des Westens vom Osten und sein Verlust an Information über diesen. Es nützt nichts, diese Ungleichheiten zu leugnen oder kleinzureden, viel eher hilft ihre eindeutige Benennung, um sie zu überwinden. Nach 1989/90 wurde ihr Ausmaß offenbar: Die Menschen in Ost und West durchliefen drei bzw. zwei Generationen grundlegend divergierende Lebenserfahrungen, wobei sich beide Seiten falsche Bilder voneinander machten. Der bereits genannte Niederländer Geert Mak stellte auf seinen Reisen durch das heutige Europa fest, „dass Generation um Generation eine Kruste der Distanz und Entfremdung zwischen Ost- und Westeuropäern wuchs". Trotz vieler bemerkenswerter institutioneller Bemühungen um Überbrückung dauert die Lage an. Zu ihr gehört – was nicht übersehen werden darf – das Phänomen des Leids als Teil der Kultur Europas; der Osten hat dabei dem Westen Erfahrungsdimensionen von einer Qualität mitzuteilen, deren Besonderheiten unter gesamthistorischem Aspekt dem Westen unbekannt sind.

So gilt es m. E., ein zweifaches Problem zu bedenken: Der im Bereich der Westländer immer deutlicher vorgetragene *Anspruch* der Regionen, als Kulturspezifika demonstrativ berücksichtigt zu werden, fällt zusammen mit der in den Ostländern erforderlichen *Renaissance* der Regionen. Von *ihnen*, nicht von ihren Nationalregierungen wird der Impuls der Wiedergenesung kommen, werden sich ganze Nationen erholen können. Die Geschichte Europas lehrt es auf Schritt und Tritt: Viel eher ist eine Nation als Ganzes durch widrige Umstände in die Knie zu zwingen und zu entmündigen als der Behauptungswille der begrenzteren regionalen Einheit. Wie hätten denn z. B. die kleinen baltischen Völker ohne dieses hartnäckige Festhalten an ihrer kulturellen Regionalität bis in unsere Tage überlebt? Und sollte sich jemand die Frage nach der Vereinbarkeit von modernem Denken und moderner Lebenshaltung auf der einen Seite und dem Wunsch nach tradierter Verwurzelung auf der anderen Seite stellen – nach dem „Verstehen der Überlieferung, aus der wir kommen", schrieb der vor wenigen Jahren verstorbene Philosoph Hans-Georg Gadamer (1900–2002) –, so sei er auf ein Land verwiesen, in dem sich wie in keinem anderen, das ich kenne, Lebenshaltung, Zivilisationsstandard und Kulturgespräch auf dem höchsten heute denkbaren Niveau in der Symbiose mit der ebenso starken Tradition lebendiger Volkskultur zusammenfinden: Es ist das kleine Norwegen, dessen Mondänität und Modernität sich in einer vollendeten Selbstverständlichkeit der Harmonie mit uraltem Brauchtum verstehen. Gleiches gilt für Finnland und Schweden.

Diese Marginalien zu einem großen Thema abschließend, komme ich auf den Osteuropäer Czesław Miłosz zurück – dessen Buch *Verführtes Denken* (1953), nota bene, über die Manipulierbarkeit in politicis europäischer Intellektualität immer noch aktuell ist – und lese Ihnen seinen Satz vor, der 1999 anläßlich der 50. Jährung seit Bestehen des Europa-Rates auf einer Stele an der deutsch-französischen Grenzbrücke über den Rhein von Kehl nach Straßburg stand. Er lautet: „Ich bin die Stimme aus dem anderen Europa, dem Europa des Ostens, die im Namen vieler Städte und vieler Länder östlich von Deutschland erklingt – möge diese Brücke zwischen Frankreich und Deutschland an all die anderen Brücken erinnern, die gebaut werden müssen, damit Europa endlich wird, was es ist: eine Einheit."

Plenarvortrag auf dem
IX. Internationalen Kongress
der Germanisten Rumäniens.
Bukarest, Juni 2012

Geistige Individualität aus doppelter Kulturzugehörigkeit

Dankrede bei der Entgegennahme der Ehrendoktorwürde der Bukarester Universität

Für die hohe Ehrung, die Sie mir erweisen, von Herzen zu danken, empfinde ich nicht nur als eine Pflicht des Anstands, sondern auch als ein geistiges Vergnügen der besonderen Art. Dafür gibt es vielfache Gründe. Als der wichtigste erscheint mir – erlauben Sie, bitte, die Sentimentalität – meine Gefühlsverbundenheit mit dem Land, das auch als mein Land zu betrachten eben diese Gefühle mich keinen Augenblick zögern lassen. Denn ich bin und bleibe trotz über dreißigjähriger Abwesenheit und Jahrzehnte langen weltweiten Streunertums ein Mensch mit den Wurzeln in den Landschaften nördlich und südlich der Karpaten, der Donau, der Schwarzmeer- und der moldauischen Landstriche. Und ich bin und bleibe bis ans Lebensende eine weitgehend von *allen* Kulturmanifestationen dieser Landschaften determinierte geistige Individualität. Ich darf dazu aber auch sagen, dass mir dies erst draußen, erst außerhalb dieses Landes bewusst wurde, und dass ich mich mit zunehmendem Alter dazu bekenne. Daran ändert die Tatsache nichts, dass ich nach Geburt, Muttersprache, Erziehung und Bildung ein Deutscher bin. Wie sehr ich in diesem Sinne einen Sonderfall darstelle, ist mir seit langem bewusst. Ich lebe täglich die Widersprüche, die sich aus solcher doppelten Kulturzugehörigkeit ergeben, als auch die kreativen Spannungen in deren Gefolge. Ich erfahre ebenso die Irritationen, die ich aus diesem Grunde in der Umgebung auslöse, in der ich vor mehr als dreißig Jahren meine Zelte aufschlug.

Was, so könnten Sie mich fragen, was ist es denn, das mich, den Deutschen, an den spirituellen Kosmos der Rumänen bindet und aktiv an ihm teilhaben lässt, da mich doch keine äußeren Zwänge dazu drängen? Der Versuch einer Antwort führt mich geradewegs zur Konfrontation mit mir selber. Ich riskiere sie. Sehr summarisch lässt sich dazu folgendes sagen: Das Rumänische in seinen historisch gewachsenen reinen Ausprägungen von der Volks- bis zur modernen Kunst, von der Musik über die Literatur bis zur Philosophie erscheint mir als eine jener Ausdrucksformen Europas, die den Kulturverständnissen des mittleren und westlichen Europa strukturell fehlen. Damit sage ich zugleich, was auch mir als Individuum in jenen Teilen Europas fehlt, in denen ich seit 1968 lebe. Das hat nichts mit Nostalgie zu tun. Es ist vielmehr eine Feststellung von kulturdefinitorischer Relevanz, über die sich vieles sagen ließe. Die Zeit erlaubt mir hier lediglich die synoptisch gestraffte Anmerkung:

Eine Geistigkeit, die sich philosophisch im Banne in sich selber widersprüchlicher Konstellationen von Sehnsucht nach Geborgenheit im Autochthonen, existenzieller Verzweiflung und egozentrischer Weitsicht, jedoch immer im Zeichen der Humanität bewegt, eine Literatur, die den vitalsten Impuls ihres Selbstbegreifens von der Lyrik bis zur Prosa aus den Schichtungen einer an Mythen unerschöpflichen Volkspoesie bezieht, eine Malerei, der die aus Landschaft und Geschichte erwachsene Melancholie in den Muttergottesaugen ostchristlicher Ikonen vorgezeichnet ist, und eine Musik, in deren bedeutenden Schöpfungen sich die Archaik südöstlicher Diktion mit der Geste avantgardistischer Okzidentalismen mischt – dies alles ist als Kulturakzent durch und durch und nur rumänisch. Es ließe sich an Namen veranschaulichen von Eminescu bis Culianu, von Arghezi bis Blaga, Cioran bis Noica, von Grigorescu und Andreescu bis Enescu oder Vieru und vielen anderen.

Nicht wenige von ihnen erfüllten das Bewusstsein meiner Jugendjahre in brüderlicher Gemeinsamkeit mit Goethe und Kant, Johann Sebastian Bach und Beethoven, Nietzsche und Thomas Mann. Und auf der Grundlage meiner mitteleuropäisch-deutsch konzipierten Bildung übte es die Faszination der Möglichkeit substanzieller persönlicher Horizonterweiterung und Bereicherung aus. Ja, mehr noch: Ich empfinde es als Korrektiv meiner Lebensorientierungen bis ins Credo meiner Kunst- und Literaturauffassungen hinein. Das Universum einer Nationalkultur, deren Polarität auf der einen Seite das unerschütterliche In-sich-selber-Ruhen seiner ländlichen Volksmasse in introvertierter byzantinischer Frömmigkeit aufweist, auf der anderen das bis zum zynischen Exzess erregbare extravertierte Raffinement seiner lebhaften intellektuellen Komponente – wie sollte all dies denn anders als fesselnd auf mich wirken, der ich aus einem Haus protestantisch-lutherischer Ordnungsnüchternheit und des am Kategorischen Imperativ geschulten Pflichtbegriffs kam, von Kind an in der glücklichen täglichen Begegnung mit den Genien vor allem der Musik des Volkes, dem ich angehöre?

Wie facettenreich unser europäischer Kulturraum ist, wurde mir, dem transilvanischen Saxonen, durch die Bekanntschaft mit dem Kulturverständnis der lateinischen Rumänen zum ersten Mal bewusst. Und welche Spannweite die geistige Vielfalt unseres Kontinents seit dem Beginn der griechischen Antike bis heute aufweist, ahnte ich zum ersten Mal im Leben, als sich mir, dem Deutschen, im Rumänen eine der anderen europäischen Variationen des *homo ludens* erschloss. Glauben Sie mir, bitte, ich habe die beiden niemals als Gegensätze begriffen, sondern immer nur als unterschiedliche Äußerungen desselben Kulturwillens: Der europäischen Grundform unserer Kulturexistenz, in der wir alle – Sie als Rumänen, ich als Deutscher – in unserer Epoche mehr als jemals vorher auf Gedeih und Verderb gemeinsam eingebunden sind. Vom Schlüsselerlebnis dieser Begegnung aus wurde mir jede spätere Begegnung mit anderen Kulturen nicht nur erleichtert, sondern mir wurde der Umgang mit immer neuen Kulturen, das Eindringen in ihr Wesen zum unverzichtbaren Bedürfnis und zur verlockenden Verheißung, „neue Ufer" zu entdecken, von denen Goethe sprach. Erfahren wir nicht alle erst in der Begegnung mit den Spezifika anderer Kulturen sowohl den Reichtum der eigenen als auch deren Begrenzungen? Beide Erkenntnisse können für uns alle nur von Vorteil sein. Reife Kulturen gipfeln und begegnen sich immer im Gedanken der Humanitas. Alles andere bleibt Provinzialismus.

Doch es waren nicht allein die Gedichte Bacovias, Pillats oder Blagas, die Romane Rebreanus oder die Novellen des Ion Slavici, die Frauengesichter Grigorescus und die Farbvisionen Ţuculescus, die byzantinischen Oratorienklänge Paul Constantinescus, das Mysterium des hintergründigen Timbres in der Stimme der Maria Tănase, die Doinen und Hirtentänze Ihres Volkes, „Mioriţa" und „Meşterul Manole", was ich auf diese Weise als eminent europäische Kulturmanifestation kennenlernte und was mich bis heute an dies Land bindet. Es war ebenso mein gelebtes Leben in diesem Land Rumänien. Der Schmerz der verlorenen Freiheit, den ich in Jahren der Diktatur gemeinsam mit Rumänen in den unterirdischen Kasematten des Forts Jilava durchlitt. Die ohnmächtige Wut angesichts der Kulturzertrümmerung, die die Emissäre eines dem Land von außen aufgezwungenen Staatsterrors durchführten. Der Ekel vor Verrätern und Denunzianten. Das berauschende Gefühl unvergesslicher, in härtesten Stunden bewährter Freundschaften. Und niemals werde ich es vergessen, dass mein vom Tod gezeichneter Bruder Erich Bergel im Herbst 1997 hier in Bukarest, im wunderschönen Athenäum, das letzte große Konzert seines Lebens dirigierte. Doch ich denke auch an alle jene rumänischen Frauen und

Männer, mit denen ich hier aufwuchs und die zu umarmen bei jedem Wiedersehen mich in einen schwer beschreibbaren Glückszustand versetzt, weil sie mir alle das Gefühl suggerieren, dass ich – der einst nach drei politischen Prozessen und Einkerkerungen gegen seinen Willen aus diesem Land Verjagte – hierher zurückkommen und hier Heimat empfinden darf, so wie Blaga sie im Gedicht *Verlorener Horizont* empfand, als er notierte: „Ist dir das Jahr nicht gedeihlich,/kehrst du, den Frieden suchend, zurück zu den Schatten./lrgendwo im Vergangenen kommt dir die Schwelle entgegen." Und lebten nicht meine Ahnen hier? Liegen nicht ihre Gräber in der Erde dieses Landes? Wurden nicht hier meine drei wunderbaren Kinder geboren?

Es ist, wie Sie sehen, nicht allein das spirituelle Faszinosum einer Kultur, die vom schnellen Gedanken und der lateinisch eleganten Form geprägt ist, was mich an Ihr Land bindet. Mit magischer Kraft ziehen mich hier ebenso die geopsychischen Klimate an – Landschaften von unverwechselbarer Schönheit, wie ich sie selten sah auf vielen Reisen, beseelt von allenthalben spürbarem dramatischen Pulsschlag. Landschaften – Sie wissen es ebensogut wie ich – einer unablässig Geschichte evozierenden Kraft und unerhörten Geschehens, soweit wir zurückblicken. Durchaus jener Art europäischer Landschaften zugehörig, über die der Deutsche Ferdinand Gregorovius einmal sagte: sie verfügten über „historischen Magnetismus". Dieses Land zwischen Orient und Okzident, das die Kraft aufbringen muss, mit den Strömungen und Einflüssen beider Welten fertig zu werden, das zur Synthese fähig sein muss am Schnittpunkt der Kulturen und sein Europäertum mehr denn je damit beweisen muss, dass es der zentrifugalen Mächte Herr wird, die seine innere Spannung zwischen Hell und Dunkel bestimmen und seinen Reichtum genauso ausmachen wie seine Gefährdung. Es ist die Überlebensformel Ihres Landes – sie stellt Sie alle vor eine große, eine titanische Aufgabe, die mir, dem Außenstehenden mit den

Wurzeln in diesen Breitengraden, vielleicht bewusster ist als manchem von Ihnen. Das Gefühl davon lässt mir Ihr Land und seine Menschen innerlich noch näher sein, als sie es ohnehin sind, weil hier, über die nationale Erwägung hinaus, auch ein Grundproblem unseres Europäertums, mehr noch unseres Menschseins angesprochen ist.

Ich könnte fortfahren, Ihnen von Ihrem Land aus meiner Sicht zu berichten, und bin mir dabei der seltsamen Situation durchaus bewusst, in die ich mich begebe, indem ich vor Ihnen, den Rumänen, ein rumänisches Panorama entwerfe. Zürnen Sie mir deswegen nicht! Denn ich spreche aus Zuneigung und Mitgefühl über Sie und Ihr Land, über die Menschen in ihrer vergangenen und gegenwärtigen Not, ihrer einstigen und heutigen Größe und Schwäche, ihrer Liebenswürdigkeit, Gastfreundschaft und Menschlichkeit.

Dass ich heute die Ehrung der angesehenen Bukarester Universität entgegennehmen darf, löste mir die Zunge. Möge diese Bildungsstätte jene Menschen hervorbringen, deren Ihr Land für seine europäische Zukunft bedarf! Haben Sie noch einmal meinen herzlichen und respektvollen Dank für die noble Geste der Auszeichnung, die Sie mir zudachten!

„Für Verdienste um die Literatur,
für Unbeugsamkeit während der Diktatur
und für Engagement im deutsch-rumänischen Kulturdialog“
wurde Hans Bergel im April 2001
der Titel eines Dr. h.c. der Universität Bukarest verliehen.

„Mein Auftrag für diese Feierstunde …“

Zum Volkstrauertag 2008

Zu Beginn des 21. Jahrhunderts der Toten zu gedenken, heißt zwangsläufig, sich des 20. Jahrhunderts zu erinnern. Wer an dem Jahrhundert teilhatte und seinen Ereignissen ausgesetzt war, wird nicht loskommen von ihm, solange er atmet. Man hat es das Jahrhundert der Massenmörder genannt, die Zahl ihrer Menschenopfer wurde von Historikern auf Größen veranschlagt, die unfasslich anmuten. Die Art des Sterbens kannte dabei Formen, die angetan sind, auch künftigen Generationen die Schauer über den Rücken zu jagen.

Als ich im Januar 1962 als politischer Strafgefangener in einem Zwangsarbeitslager an der unteren Donau bei 32 Kältegraden die Hand des sterbenden 28jährigen Arztes Dr. Mehedinţ in meiner Hand hielt, bis sie erkaltete, hatte ich eine dieser Formen kennen gelernt. Der Uniformierte, der dem Arzt mit dem Schlag eines Spatens den Schädel zertrümmert hatte, weil er mit dem vollbeladenen Schubkarren auf dem vereisten Brettersteg gestürzt und nicht schon in derselben Sekunde wieder aufgestanden war, hatte sich nach dem Hieb vor uns aufgebaut, sich eine Zigarette angezündet und zwischen zwei Zügen in die vom Blut roten Schneebrocken neben dem Gesicht mit den erloschenen Augen gespuckt, hinter sich zwei Bewaffnete der Eskorte unseres Arbeitstrupps, die auf mich gerichteten Maschinenpistolen in den Fäusten.

Wenn ich in den folgenden Minuten der Toten im ehemaligen riesigen Herrschaftsbereich kommunistischer Diktatoren gedenken soll – wie mein Auftrag für diese Feierstunde lautet –, kann ich es nur im Zeichen der Teilhabe an Bildern wie diesem tun. Die Zahl der Variationen solcher Bilder ist unbegrenzt, die Vielfalt schmerzhaften Rückblicks ebenfalls, und die Auffassung vom Tod als einem zum Ganzen unseres Daseins gehörenden natürlichen Teil verliert für mich jenen Akzent an Verbindlichkeit, die ihm nach meinem Dafürhalten in unserer redseligen Welt allzu schnell zugesprochen wird. Denn auch ich erfuhr, wie viele andere, dass es Tode gibt, die *nicht* zu den natürlichen Abschlüssen eines Menschenlebens zählen, sondern als finale Vergewaltigungen erscheinen, die mit dem Leben der Menschen, die sie wehr- und schuldlos erdulden mussten, auf natürliche Weise nicht das Geringste zu tun haben.

Wie anders nämlich zwingt uns das 20. Jahrhundert dank seiner Scheußlichkeiten heute über diese letzte aller Fragen zu befinden, als es vorhergehende Epochen vermochten. Wenn z. B. Goethe vom Schicksal des Menschen spricht und einem jeden jene Art des Todes als zugemessen erachtet, „die analog zu seinem Leben sei", wie er als Zweiunddreißigjähriger schrieb, dann käme dies aus der Sicht der Erfahrungen unserer Toten des 20. Jahrhunderts von den Industriekomplexen der NS-Vergasungsanlagen bis hin zu den sibirischen Ausrottungslagern Moskaus deren Verhöhnung gleich. Kein Denkender und Fühlender wird sich zur Behauptung erkühnen, dass die im genannten Jahrhundert gewaltsam zu Tode Gebrachten ihren letzten Atemzug unter Umständen taten, die ihrem „Leben analog", das heißt angemessen waren – ohne dass Goethe wegen der Briefstelle eine Vorhaltung verdiente: Denn wie hätte er sich ausmalen können, welche Art von Toten es im Gefolge des 20. Jahrhunderts zu betrauern gilt? Sicher, es gab auf den Schlachtfeldern der Kriege, auf den Wegen der Fliehenden, auf den Kampfplätzen der Revolutionen in den Jahrhunderten *vor* dem zwanzigsten genauso unter Qualen ihr Leben aushauchende Menschen: es gibt in der Geschichte – Gott sei's geklagt! – seit jeher die perverse Art des Tötens. Doch niemals vorher in diesen Dimensionen und

Techniken, und die Anschauung des spezifischen Grauens angesichts des Sterbens, wie es uns seither ins Gedächtnis gebrannt blieb, hatten die Menschen vorheriger Zeiten weder nach Art noch nach Ausmaß. So steht unsere Trauer im Zeichen doppelter Erschütterung – sie erschien in dieser Quantität und Qualität ehemals undenkbar. Das Herkömmliche der Betrachtung des Todes, im Verständnis der Trauer – wenn es denn so etwas gibt –, verlor seit dem 20. Jahrhundert an Gültigkeit. Wer z. B. befreit *mich* von der historisch gebrandmarkten persönlichen Trauer um meinen Freund Fürst Alexander Ghica, der sich zuerst – um mich nicht der Bukarester kommunistischen Geheimpolizei „Securitate" zu verraten – die Knochen brechen ließ und Jahre später, als er gezwungen werden sollte, Freunde auszuhorchen – darunter mich –, sich 45jährig erhängte? Es gibt Millionen Menschen, denen sich die vergleichbare Frage stellt … Eingedenk dieserart zu Tode Gekommener verbietet es sich mir, schonungsvoll in Allgemeinplätzen hier zu reden. Ich sehe mich vielmehr vor den Anspruch gestellt, den geraden Blick in die Fratze der Unmenschlichkeit zu ertragen. Alles andere wäre Lüge.

Der französische Historiker Stéphane Courtois, der mit dem Monumentalwerk *Das Schwarzbuch des Kommunismus* weltweit die Geister erregte, kreidet den kommunistischen Systemen des Ostens rund einhundert Millionen umgebrachte Menschen an; wörtlich: „Alles in allem kommt die Bilanz der Zahl von hundert Millionen nahe." Während er davon für die Sowjetunion 20 Millionen festhält, die er den „Verbrechen gegen Personen" zuzählt, gehören zu der von ihm errechneten einen Million tödlicher Untaten in den kleineren Moskauer Satellitenstaaten auch die in der DDR, das heißt auf deutschem Boden begangenen. Der in diesem Jahr neunzigjährig verstorbene Russe Alexander Solschenizyn kam bei seinen Erhebungen für den sowjetischen Bereich auf erheblich höhere Zahlen. Die an den Kriegsfronten Gefallenen nicht einbezogen.

Erschreckt uns die Ziffer, so lässt uns die Vergegenwärtigung der Einzelschicksale, die hinter ihr stehen, in einem Zustand profunder Irritation zurück. So schrieb der Bukarester Zeithistoriker und Publizist Romulus Rusan: „In jedem Atom dieses Universums des Leids verbirgt sich ein Mensch, der die Kreise der Hölle durchmaß (...) Jeder Fall für sich betrachtet wühlt den Kenner der Materie stärker auf als die abgeschlossene Statistik (...) Der Blick ins einzelne Gesicht macht mehr verständlich als der Anblick ganzer Sklavenkolonnen. Der 54jährige Historiker, der in der Gefängniszelle durch Hunger ‚liquidiert' wurde, weil er sich geweigert hatte, seine Schriften zu verleugnen; der 70jährige Oberst, der an allen Fronten des Krieges gekämpft hatte und dann an der Blutvergiftung zugrunde ging, die er sich als Häftling bei der Zwangsarbeit auf den Reisfeldern als Folge der Hautverletzungen durch Blutegel holte; die drei Kinder – ein einjähriger Zwilling und dessen älterer Bruder –, die in der Erdhütte der Donausteppe erfroren (wohin ihre Familie mit Tausenden anderer zwangsverschickt worden war); der Student, der sich entleibte, um die Torturen der mit unvorstellbaren Methoden in den Gefängnissen betriebenen ‚Umerziehung' nicht mehr ertragen zu müssen; der Bauer mit einem Hektar Grund, der im Kerker totgeprügelt wurde, weil er einen Beschwerdebrief verfasst hatte; der Gelehrte, der sich aufopferte, um dem in der Zelle an Lungenentzündung erkrankten Jungen das Leben zu retten, indem er ihm von seiner kargen Essensportion monatelang die Hälfte gab, bis er vor Entkräftigung starb; die Frauen, die sich zur Ehescheidung von ihren eingekerkerten Männern gezwungen sahen, um die Kinder und sich selbst vor den Nachstellungen durch die Geheimpolizei zu schützen und den Arbeitsplatz zu behalten (...) Alle diese Momentaufnahmen sind Anklagen gegen ein Verbrecherregime (...) Der Kommunismus entstellte das Schicksal von Generationen und verstümmelte Millionen von Leben junger Menschen. ‚Klassenkampf', ‚Klassenhass', ‚revolutionäre Wahrheit' waren die Parolen, die nicht allein zum Tod von Menschen und zur Vernichtung von Eliten, sondern auch zum Gesellschaftsmord führten."

Dies alles rührt nicht nur an momentane politische Auffassungen. Es reicht tiefer. Es trifft die Grundlagen des Bewusstseins unserer Kultur und stellt uns vor die Frage: Ob die Philosophien, die wir uns in Europa seit der Antike, seit Aristoteles und Plato über mehr als zweitausend Jahre hinweg bis hin zu Kant aufbauten, um uns in der Schöpfung, in der Welt und in uns selbst zurechtzufinden, nicht überdacht werden müssen, weil sie doch im Blick auf das praktische Handeln letzten Endes wirkungslos blieben und alle die Opfer vor den gottlosen Ausfällen nicht schützten, von den Tätern aber – in unterschiedlicher Deutung – ausnahmslos für ihr Handeln reklamiert wurden. Selbst die Religion bot keine Gewähr, da ja auch sie nicht genügend viele Menschen stark machte in Ost *und* West, dem Unheil entgegenzuwirken. Ebenso wenig taten es die großen Gefühle, zu denen uns die Kunst animiert … Wir schulden Überlegungen dieser Art den Toten, derer zu gedenken wir zusammengekommen sind.

So aufgeregt sich Unbelehrbare und auf einem Auge Blinde den Forschungsergebnissen Stéphane Courtois' hinsichtlich der Grausamkeiten der Diktaturen im Osten zeigten und Courtois angriffen, so stetig wächst der Kreis bohrender Forscher, die sich den Blick auch auf die östliche Seite der Medaille des 20. Jahrhunderts, das heißt auf die Armeen der Toten hinter dem Eisernen Vorhang und die Trauer um sie, nicht verbieten lassen. Im Unterschied zu der vom Nationalsozialismus herbeigeführten menschlichen Tragödie – schrieb Courtois – „war es den Opfern des Kommunismus und ihren Angehörigen lange verwehrt, das Gedächtnis des tragischen Geschehens öffentlich zu pflegen, da jegliche Erinnerung und Rehabilitationsforderung verboten waren. Der Totalitarismus hat eine nationalsozialistische, aber auch eine leninistisch/stalinistische Version. Es ist nicht länger akzeptabel, eine halbseitig gelähmte

Geschichte zu schreiben (...) Der Tod eines ukrainischen Bauernkindes, das vom stalinistischen Regime gezielt der Hungersnot ausgeliefert wurde, wiegt genau so schwer wie der Tod eines jüdischen Kindes im Warschauer Ghetto, das dem vom NS-Regime herbeigeführten Hunger zum Opfer fiel." Es kann schon von der Anlage der Schöpfung her nicht Tote erster und Tote zweiter Klasse geben – und es gibt auch keine Toten dieser oder jener Nationalität. Denn im Tod erlöschen Zuweisungen dieser und ähnlich untergeordneter Art. Der Tod anerkennt uns allein als Menschen, im Tod sind wir über alle Begrenzungen hinweg, was uns im Leben so schwer gelingt: Brüder und Schwestern.

Noch bevor Solschenizyn mit seinen drei *Gulag*-Bänden auf die massenmörderischen Praktiken des Kommunismus hinwies, hatte der in der Ukraine geborene Jude Wassili Grossman im 1960 abgeschlossenen, erst nach seinem Tod veröffentlichten Roman *Leben und Schicksal* die „frappierende Verwandtschaft von Nationalsozialismus und Sowjetregime" zur Sprache gebracht, deren „Wesensgleichheit", wie der kommunistische spanische Renegat Jorge Semprún feststellte. Zusätzlich sind heute Historiker vom Rang des Polen Andrzej Paczkowski, des Tschechen Karol Bartosek, des Chinakenners Jean-Louis Margolin, des Deutschen Ehrhart Neubert, des Engländers Donald Rayfield, des Ungarn Czaba Zoltán und andere am Werk, Licht ins immer noch gehütete Dunkel kommunistischer Mordtaten zu bringen, die zusammen mit jenen der Nationalsozialisten dem 20. Jahrhundert das Kainsmal aufdrückten.

Keinem von ihnen geht es um Aufrechnung der einen Mörderei gegen die andere. Es geht um die Erkenntnis, die der Hitler-Biograph Joachim Fest in seiner Autobiographie *Ich nicht*, 2006, formulierte: Dass es der bedeutendste Triumph kommunistischer Propaganda sei, die Aufmerksamkeit der Welt von den eigenen Kapitalverbrechen auf jene der Nationalsozialisten abgelenkt zu haben – und dass damit, füge ich hinzu, die Toten im Osten, zur

Anonymität verdammt, um ihre Würde gebracht werden. Aus dieser Erkenntnis heraus hatte Courtois vermerkt: „Während die Namen Himmlers oder Eichmanns in der ganzen Welt als Symbole zeitgenössischer Barbarei bekannt gemacht wurden, sind Dserschinski, Jagoda oder Jeschow weitgehend unbekannt. Und was Lenin, Mao, Ho-Chi-Minh und selbst Stalin betrifft, so wird ihnen immer noch eine erstaunliche Verehrung zuteil.“ Aber die Toten, für die ihre Namen stehen – schrieb Romulus Rusan – „bitten aus dem Himmel, sie nicht zu vergessen“.

Zu ihnen gehören die Toten des 17. Juli 1953, die Toten an der Berliner Mauer und am deutsch-deutschen Grenzstacheldraht ebenso wie die des Volksaufstandes im Oktober 1956 in Ungarn, die Toten der ungezählten großen und kleinen Revolten im sowjetischen Konzentrationslager- und Verbannungsimperium, von denen keine Kunde bis in den Westen drang, die Toten 1970/71 in Danzig, Gdingen und Stettin, in den Wojewodschaften Breslau und Lublin, als sowjetische Panzerkanonen das Feuer eröffneten, die Toten der Selbstverbrennungen aus verzweifeltem Protest wie die in Prag 1968, der Volkserhebung im Dezember 1989 in Rumänien. Aber auch die in den Folterzellen von Bautzen in der Oberlausitz, im unterirdischen Fort Nr. 13 Jilava bei Bukarest, in den schalldichten Kammern des Lubjanka-Gefängnisses des sowjetischen Innenministeriums, auf dem Militärareal der Roten Armee Betowo bei Moskau, in den Steinverliesen der bulgarischen Rhodope-Gebirge usw. Ihrer aller sei heute gedacht, wie ja nicht zuletzt auch jener auf den östlichen Flucht- und Vertreibungsstraßen des Herbstes 1944, des Winters 1945. Und da sind auch die in den Arbeits- und Todeslagern ums Leben gekommenen deportierten Deutschen aus Südosteuropa – aus dem Banat, der jugoslawischen Untersteiermark, aus der Krain und aus Südkärnten, aus Siebenbürgen und aus der Bukowina – woher schon 1941 abertausende Juden von den Sowjets nach Sibirien gebracht worden waren –, aus der ungarischen Schwäbischen Türkei, aus den schönen deutschen Ortschaften im Ungarischen Mittelgebirge usw. Bis zu einem Drittel, hielten Fachhistoriker fest, starben die Deportierten in den Steinkohleminen des Donezkbeckens, beim winterlichen Straßen- und Gleisbau im Ural, beim Wälderroden am sumpfigen Wasjugan-Fluss in der Taiga.

Nie wird die Welt über jeden der im Osten auf unsägliche Weise ums Leben Gekommenen genaue Kenntnis erhalten. Zynismen und Teufeleien, die sich die Täter einfallen ließen, umreißt der britische Historiker Donald Rayfield in seinem 2004 auf Deutsch erschienenen Standardwerk *Stalin und seine Henker* pars pro toto mit dem folgenden Satz: „Im Jahr 1937, etliche Jahre vor Hitler, setzte Stalins NKWD – das Polizeiinstrument seines Terrors – Vergasung als Mittel der Massenhinrichtung ein: Lastwagen mit Werbeplakaten für ‚Brot' fuhren kreuz und quer durch Moskau und pumpten unterdessen die Auspuffgase in den Laderaum, wo nackte Häftlinge zusammengebunden lagen, bis die Ladung bereit für die Leichengrube war."

Wir dürfen, wollen wir die Selbstachtung nicht verlieren, den Blick nicht abwenden vom Ozean des Leids, vor den uns der Volkstrauertag stellt. Im Rückblick auf das Jahrhundert der Weltraumflüge und der Mondlandung, in dem gleichzeitig all dies möglich war, zog der Theologe und ehemalige Sonderbeauftragte der Bundesregierung für die Verwaltung der Stasi-Akten, Joachim Gauck, ein Fazit, das nicht nur die Historiker, sondern ebenso die Völkerkundler und Psychologen, die Philosophen, Soziologen, Anthropologen, Schriftsteller und Dokumentaristen solange beschäftigen wird, wie Menschen mit den Mitteln der Wissenschaft an die Erläuterung der Geschichte herangehen – Gauck schrieb: „Statt des neuen Menschen, den die Ideologien des 20. Jahrhunderts versprachen, erblicken wir am Ende des Jahrhunderts den nachhaltig verstörten Menschen, statt der neuen Gesellschaft zerstörte Gesellschaften."

Ideologien besitzen eine ebenso seltsame wie gefährliche Verführungskraft: Sie bestechen durch die Logik ihres Entwurfs auf dem Reißbrett, täuschen aber darüber hinweg, dass sich das Leben, ein Vorgang unentwegten Wandels, nicht an den Entwurf halten *kann*, weil das Wesen des Lebens der Wandel ist. Der gelegentliche Hinweis z. B. auf die marxistische Grundlage der kommunistischen Ideologie: diese sei „an sich" richtig, bloß hätten die Menschen, die sie praktizierten, die „an sich" gute theoretische Grundlage verraten – dieser Hinweis ist von bestürzender Naivität und Oberflächlichkeit. Nein, beide großen Ideologien des 20. Jahrhunderts – kommunistische wie nationalsozialistische – sind schon im Anlagekern unmenschlich: weil sie dem Menschen als Individualität das Recht auf Freiheit bestreiten. „Du bist nichts, die Nation ist alles", lautete die Grundparole des Nationalsozialismus, „Du bist nichts, das sozialistische Kollektiv ist alles", die des Kommunismus: Von diesem eindeutigen Ausgang leiten sich in konsequenter Weiterführung die Bestialitäten beider Systeme ab. Wohl kann darüber gesprochen werden – so es denn sein muss –, welchem der beiden Postulate der höhere Rang einzuräumen ist. Doch darf keines der beiden zum Diktat, im Namen keines der beiden darf Gewalt ausgeübt, dürfen gar Menschen umgebracht werden. Genau dies aber geschah im Namen beider. Sie handelten nach der Losung französischer Revolutionäre von 1789: Fraternité ou mort!, zu Deutsch: Und willst du nicht mein Bruder sein, so schlag ich dir den Schädel ein! Wir bedürfen keiner in ihrer theoretischen Perfektion rechthaberischen Ideologie. Vielmehr bedürfen wir der in unserem Bewusstsein verankerten Verbindlichkeit des humanen und moralischen Gedankens, wie er allein unserer Gesellschaft das vielbeschworene menschliche Antlitz auf Dauer sichert.

Das von Ideologie freie Totengedenken gehört zum Fundament der Kultur einer jeden Gemeinschaft – es ist Teil der geistigen Kraft, die uns die Wertekontinuität sichern hilft. Ihre Weitergabe ist unlöslich mit unserer Fähigkeit verbunden, uns als Erben der *konstruktiven* Wertebegriffe derer zu verstehen, die vor uns waren, weil wir andernfalls mit dem, was *destruktiv* auf uns einwirkt, nicht fertig werden, denn nicht allein die *Weisheit* unserer Vorväter ist in uns wirksam, schrieb Nietzsche, sondern auch ihr *Wahnsinn* ... So verstanden, liegt im Totengedenken nicht rückgewandter Stillstand, sondern Aufforderung zu Gegenwart und Zukunft. Wir können uns von unseren Toten nicht lösen, da wir uns sonst der Basis berauben, auf der wir stehen, einschließlich der Irrungen und Wirrungen. Sie sind Wegweiser ins Morgen, an den Kreuzungen die falsche Richtung zu vermeiden.

O nein, die klugen Philosophien Europas, die ich erwähnte, unsere religiösen Grundwahrheiten, das Ethos der Ideale, auf die uns die große Kunst dieses trotz aller Abstürze und Selbstzerfleischungen starken Kontinents immer wieder aufmerksam machten: Wir gingen immer dort in die Irre, wo wir sie nicht beherzigten. Unsere Entgleisungen können sie nicht disqualifizieren. Denn es lag und liegt nur an uns, in ihrem Geist zu handeln – oder sie zu verraten. *Hic mortui vivos docent* – hier lehren die Toten die Lebenden – lautet die gescheite Befindung eines Volkes auf der Höhe seiner geistigen Reife. Mögen uns die Schicksale jener Toten, an die zu erinnern hier meine Aufgabe war, das lehren, was unserem Heute und Morgen dienlich ist, mögen wir wach und verantwortungsbewusst genug sein, ihre Lehre zu verstehen.

Rede zum Volkstrauertag der Stadt Dinkelsbühl,
Dezember 2008

Die Unbesiegbarkeit des Freiheitsgedankens

Zur Geschichte der Erzählung „Fürst und Lautenschläger"

In den folgenden Minuten werde ich über einen Aspekt des Themas „Literatur und Widerstand" sprechen, der nach 1989/90 in der Rezeption der mehr als vier Jahrzehnte dauernden kommunistischen Diktatur in Rumänien kaum oder gar keine Erwähnung fand. Wir kennen bedeutende Leistungen im Bereich des lyrischen Gedichtes, das in Gefängniszellen oder Straflagern entstand, wir kennen Prosawerke, deren Idee im Kerker geboren wurde und die danach verwirklicht werden konnte, und wir besitzen weit über die literaturwissenschaftliche Untersuchung hinausgehende Arbeiten zur Frage des geistigen Lebens und der Kultur insgesamt in Zeiten der totalen Unterdrückung. Doch dies ist heute nicht mein Gegenstand.

Vielmehr will ich Ihnen von meinem persönlichen Erlebnis der Literatur als Artikulation des Zustands inneren und äußeren Widerstands gegen die kommunistische Gewaltherrschaft berichten. Ich meine damit konkret die Befindlichkeit eines jungen Menschen, der sich schon im Herbst 1944 der antikommunistischen Auflehnung aus Gründen angeschlossen hatte, die er heute noch, nach fast siebzig Jahren, für richtig hält. Das heißt, ich werde die abenteuerliche Geschichte eines Buches erzählen, die mich mein Leben lang in ständig variierender Form bis heute begleitet. Es heißt weiter, dass ich darüber sprechen werde, wie Literatur während der Nachkriegsjahre unmittelbar aus dem Geist der Widerständler und ihres Zorns über die Unterdrücker heraus entstand und aus der Haltung jener „Partisanen" genannten Männer und Frauen wuchs, die beginnend mit 1944/45 bis gegen Ende der Jahre 1950 von den staatlichen

Sicherheitsorganen wie Freiwild gejagt wurden. Und ich werde darüber berichten, wie die Ereignisse jener Zeit mir, dem Neunzehn-, Zwanzigjährigen, bewußt machten, dass mein Leben das eines Schriftstellers sein würde. Denn ich bin als Schriftsteller, der in seinem Leben bisher rund 40 Bücher veröffentlichte, sicherlich zunächst das Produkt einer genuin vorgegebenen Veranlagung, ich bin es aber ebenso als Ergebnis der Rebellion gegen jederlei Diktatur. Ich blieb es bis heute auch in der so genannten „freien" Gesellschaft, die auf ihre Art die Eliminierung Andersdenkender betreibt, auf eine raffiniertere und hinterhältigere Art, als es die Diktatoren taten und tun, so mißbrauchen und untergraben ihre Manipulatoren die Freiheit, die andere ihnen sicherten. Niemals kam es mir bei alldem auf Öffentlichkeit an, es war immer die Entscheidung für meine Haltung in ausschließlich persönlicher, sogar privater Wertung.

Ich war neunzehn Jahre alt, als im Spätsommer 1944 die Sowjetarmeen nach schweren Kämpfen und dem unausweichlichen Frontwechsel Rumäniens im Land einrückten; die Kämpfe hatten mehr Menschenleben gekostet als die Schlacht um Stalingrad. Die Sowjets wurden zunächst mit Sympathie begrüßt. Jeder sehnte sich nach dem Ende des im Osten mit extremer Grausamkeit geführten Kriegs, an dem Rumänien seit 1941 als stärkster Verbündeter an der Seite Deutschlands teilgenommen hatte. Nach kurzer Zeit aber schlug die Stimmung im Land um: Vergewaltigungen, Raub, willkürliche Erschießungen, Mißachtung der Gesetze, dazu die Verhöhnung des Landes als Staat, als Volk, als historische Tradition verbreiteten in der Bevölkerung Angst und Schrecken; das Gefühl, den mächtigen Sowjettruppen wehrlos ausgesetzt zu sein, trug zu all dem bei.

Ich lebte in Hermannstadt/Sibiu, wo es damals eine Vielzahl deutscher Schulen gab, und hatte als Leistungssportler über den Kreis meiner deutschen Landsleute hinaus auch in den rumänischen Sportclubs der Stadt eine Reihe guter Freunde. Einer davon war ein junger Rechtsanwalt, Dr. Mihai Capa – sechs Jahre älter als ich –, er betätigte sich neben dem Juristenberuf als Präsident eines Clubs. Die Willkürherrschaft der sowjetischen Truppen in der Stadt, die Unsicherheit, die das allgemeine Leben beherrschte, hatten auch ihn zu einem jener zornigen jungen Männer gemacht, die ihre „persönliche Machtlosigkeit und die der ganzen Nation als Schande“ empfanden, wie er mir sagte. Ende September, Anfang Oktober 1944 – ich weiß das genaue Datum nicht mehr – fragte er mich in einem vertraulichen Gespräch, ob ich bereit sei, vierzehn von ihm organisierte gefälschte Personalausweise, bzw. Pässe zu ebensovielen Männern in die Mühlbacher Berge/Munţii Sebeşului zu bringen. Die Männer seien zum Teil Offiziere der Königlichen Armee, die sich weigerten, an der Seite der kommunistischen Roten Armee zu kämpfen, ihre Einheiten verlassen hatten und sich in den Karpatenwäldern und -bergen versteckt hielten, zum Teil hinter der Front zurückgebliebene deutsche Offiziere und Soldaten, denen der Anschluß an ihre Einheiten verloren gegangen war, zum Teil Studenten, die sich sowjetfeindlich geäußert hatten und verfolgt wurden, u. v. a. All diesen Leuten – sagte Dr. Capa – müsse mit einer neuen Identität geholfen werden. Wo sie sich genau aufhielten, wußte er nicht, er sagte lediglich: „Irgendwo am Cindrel- oder Ştefleşti-Massiv …“ Das sind ausgedehnte Hochgebirgslandschaften mit über 2.400 Meter hohen Gipfeln, den höchsten der Mühlbacher Berge.

Als Neunzehnjähriger in einem Alter, in dem ich nicht zwei Mal zu einem Abenteuer aufgefordert werden mußte, erklärte ich mich bereit. Hinzu kam auch bei mir die Empörung über das Verhalten der Sowjets, ich teilte sie mit den Meisten im Land. Als mir Dr. Capa auch noch sagte: „Du bist der Einzige, der die Männer finden kann“, fühlte ich mich darüber hinaus in meiner Ehre angesprochen. Tatsache war, dass ich als Hochgebirgswanderer, Kletterer und Schiläufer zu den Kennern der gesamten Südkarpaten gehörte. Ich steckte die vierzehn Personalausweise ein und machte mich auf den Weg.

Bitte halten Sie sich vor Augen, dass der Winter bevorstand, dass in den Höhen des Cindrel und Ştefleşti bereits jede Menge Schnee lag, dass von Hermannstadt bis zu den beiden Massiven eine Distanz von 50 km Luftlinie lag, die ich größtenteils durch Wälder, durch Täler und über Bergzüge zu Fuß zurückzulegen hatte. Hinzu kam vor allem, dass sowjetische Militärpolizei-Patrouillen, angeführt von Offizieren der „Siguranţa" – der Vorgängerin der „Securitate" – durch die Wälder und Berge Siebenbürgens auf der Suche nach „staatsfeindlichen Elementen" streiften, diese festnahmen oder erschossen. Der sowjetische Geheimdienst war darüber informiert, dass das deutsche Heereskommando in Wien eine Anzahl im Partisanenkrieg ausgebildeter Kämpfer mit Flugzeugen und per Fallschirm in die Südkarpaten gebracht hatte, mit dem Auftrag, im Rücken der Roten Armee zu operieren. Ich war also bei der Ausführung der Bitte von Dr. Capa nicht nur geografischen und jahreszeitlichen Schwierigkeiten ausgesetzt, sondern mehr noch der Gefahr, einer dieser 12 bis 14 Mann starken Patrouillen in die Arme zu laufen und umgelegt zu werden. Dies sage ich nicht, um eine heroische Note in das Unternehmen zu bringen, sondern um die Bedingungen zu veranschaulichen, unter denen sich die versteckten Männer in den Bergen aufhielten.

Nach einer Woche erschöpfender Wege in Schnee und Eis, der Übernachtungen auf Bäumen und in aufgelassenen Sennhütten fand ich im Kessel unter dem Ştefleşti-Gipfel die in die Erde gegrabenen Biwaks, in denen insgesamt ungefähr 50 Männer hausten. Ich verteilte die 14 Personalausweise anhand der Fotografien und richtete den übrigen Männern aus, dass weitere Ausweise folgen würden, Dr. Capa habe so viele auf Anhieb nicht besorgen können. Ich hörte, dass die Männer von Bauern aus dem Zoodt-Tal/Valea

Sadului auf geheimen Wegen mit Nahrungsmitteln, zudem von einer Gruppe Männer in Hermannstadt mit Lebensmittelkonserven versorgt würden und auf Waffenlieferungen warteten. Damals fanden die großen Panzer-Schlachten in Ungarn statt, die Sowjettruppen begannen Budapest zu belagern, das in einem mehrmonatigen Abwehrkampf verblutete. Am Ausgang des Krieges bestand kein Zweifel. Doch die Hoffnung der Männer in den Karpaten richtete sich auf die deutschen Raketenwaffen – den technischen Vorläufern jener Raketen, die später in den Weltraum und auf den Mond fliegen sollten –, die aber als Waffe weiterzuentwickeln den Deutschen die Zeit nicht mehr reichte. Der Krieg befand sich im Endstadium.

Ich hielt mich zwei Tage bei den Männern im Ştefleşti-Kessel auf; wieder in Hermannstadt, teilte ich Dr. Capa Einzelheiten des Unternehmens mit. Es dauerte keine Woche, da trat er abermals mit einer Bitte an mich heran: Zehn weitere Pässe oder Personalausweise sollten ins Fogarascher Gebirge zu versteckten Männern gebracht werden, und zwar zum Hüttenwart der Bulea-/Bălea-Wasserfallhütte, der sie an die Männer weiterreichen würde, die sich in den Wäldern unter dem Bulea-Massiv aufhielten. Da ich auch diese Gegend kannte und überdies mit dem Hüttenwart von meinen sommerlichen und winterlichen Gebirgstouren befreundet war – er hieß Toma Boierescu –, machte ich mich von Neuem auf den Weg. Wie jedesmal, wenn ich hier in die Berge aufstieg, kehrte ich bei den Mönchen im Brâncoveanu-Kloster ein; die frommen Männer waren immer im Bilde über die sowjetisch-rumänischen Gebirgspatrouillen und über manches andere. Doch schon abermals wenig später schickte mich Dr. Capa in die Täler nördlich des über 2.500m hohen Negoiu-Gipfels, danach ins Tal unterhalb der fast ebenso hohen Podragu-Türme – alles in den Südkarpaten –, die ich nach der Übernachtung bei einem Bauern in Arpaşu de Sus erreichte, er beschrieb mir, wo sich die Männer aufhielten.

Das ging den ganzen Winter über so, ich erinnere mich, während jener Monate in alle Täler der Fogarascher Gebirge zwischen dem Roten-Turm-Pass im Westen und den Perschaner Bergen im Osten aufgestiegen zu sein. Waren es anfangs gefälschte Papiere, die mir Dr. Capa gab, so wurden es später Informationen unterschiedlichster Art – z. B. Aktionspläne der „Siguranţa" hinsichtlich der Jagd auf die unbotmäßigen Männer in den Bergen, in deren Besitz der Doktor auf weiß Gott welchen Wegen kam; die standrechtlichen Erschießungen der Gejagten waren damals an der Tagesordnung. Ich hielt mich nicht mehr nur zwei Tage bei den Männern des Widerstands auf, sondern eine Woche und länger – doch das bedürfte einer besonderen Ausführung. Im Übrigen kannte ich in keinem einzigen Fall deren richtigen Namen, da alle das erste Gebot jeder konspirativen Tätigkeit beachteten: sich ausschließlich mit Code-Namen vorzustellen und anzusprechen; ich selber hatte mittlerweile gefälschte Papiere auf den Namen „Sârbu Ion".

Als der Krieg im Mai 1945 beendet war, hofften die Männer des Widerstands nicht mehr auf die deutschen Raketen-Waffen, sondern auf die Intervention der US-Amerikaner. „Die Amerikaner kommen"/„Vin americanii" lautete die magische Formel, an die sie sich – und nicht nur sie! – klammerten. Vergebens, wie wir heute alle wissen. Die durch die US-amerikanischen Rundfunkstationen gesendeten Versprechungen „Haltet aus, wir werden kommen"/„Rezistaţi, că vom veni" wurden niemals eingehalten – auch nicht die Versprechungen des ehemaligen Königs Rumäniens, Mihai: „Zu Ostern nächsten Jahres werden wir euch befreien." Im Gegenteil: Die Westalliierten benützten die Männer des Widerstands dazu, Irritationen unter den sowjetischen Besatzern des Landes zu schüren – sie waren Schachfiguren im Spiel vor allem der US-Amerikaner. Damit wurde die Geschichte dieser Menschen zur doppelten Tragödie, die vor dem hier nur angedeuteten Hintergrund darzustellen eine Aufgabe künftiger Historiker sein wird. –

Hier bin ich an einem Punkt meiner Ausführungen angekommen, von dem weiter ich Ihnen über Wichtigeres zu berichten habe als meine drei Jahre langen Parforcetouren durch die Südkarpaten vom Herbst 1944 bis zum Herbst 1947, einer Zeitspanne übrigens, in der ich zwischen meinen waghalsigen Unternehmungen das Abitur machte. Denn das Entscheidende jener Jahre wurde für mich die Bekanntschaft mit Männern, die für die Freiheit den höchsten Preis zu zahlen bereit waren; ich hatte vorher niemals in meinem Leben die Begegnung mit solchen Menschen gehabt. Da sie alles andere als dumm waren, wußten sie genau, dass sie mit ihren leichten Waffen – Karabinern, Armeepistolen, Maschinenpistolen, Handgranaten – nichts ausrichten konnten gegen die kolossalen Militärpotenziale der Sowjets. Doch darum ging es ihnen auch nicht – wennschon sie keiner bewaffneten Auseinandersetzung mit der „Siguranța", später mit der „Securitate" auswichen, sofern eine solche nicht zu umgehen war. Ihr Anliegen war nicht militärischer, es war moralischer Natur. Solange es uns gibt, sagten sie, und die Menschen dies wissen, ist ihnen und der Nation die letzte Würde nicht genommen, also ist unser Tun nicht sinnlos: Von uns geht das Signal an alle aus, Mut und Hoffnung im tyrannisierten Land nicht zu verlieren … Ich habe unter ihnen Ärzte, Bauern, Ingenieure, Studenten, Lehrer, Hirten, Handwerker kennengelernt, die von diesem Willen beseelt waren; sie kamen aus allen erdenklichen politischen Richtungen und beruflichen Zweigen und lehnten den Kommunismus aus religiösen, weltanschaulichen, menschlichen und anderen Gründen ab. Ich achte sie bis heute.

Einer von ihnen – ein Hauptmann der rumänischen Luftwaffe – wurde mir zur lebensentscheidenden Begegnung. Sein Codename lautete „Caesar". Er war ein gläubiger Mensch, Vater dreier minderjähriger Kinder und vielfach für Tapferkeit dekoriert, keine 40 Jahre alt und ein philosophischer Kopf, seine Argumente gegen den Kommunismus gründeten auf den solidesten Gedanken der europäischen Philosophie und auf den in der Bibel ausgesprochenen Erkenntnissen von Humanität. Seinen realen Namen habe ich niemals erfahren. Im Herbst 1945 hatte er sich in der Nähe der Prejbe-Hütte im Zibins-Gebirge bei einem Sturz am rechten Oberschenkel so schwer verletzt, dass er zur Behandlung nach Hermannstadt gebracht werden mußte. Da ich die Region und die Stadt von allen am besten kannte, bot ich mich an, mit ihm abzusteigen. Die Wunde eiterte seit Wochen, der Mann fieberte und hatte Ohnmachtsanfälle. Ich schleppte ihn in einer Gewitternacht die steil abfallenden Waldhänge vom Prejbe-Plateau auf dem Rücken ins Zoodt-Tal hinunter und brachte ihn von dort, nach einem Tag auf dem Heuschopfen eines Bauernhofes, mit Hilfe eines jungen Eisenbahners auf einer Lore der schmalspurigen Industriebahn bis zum kleinen Bahnhof des Dorfes Talmesch/Tälmaciu am rechten Ufer des Alt-Flusses, bevor dieser die Südkarpatenkette durchbricht. Das Gespräch, das wir zwei während der beiden Nächte in Bruchstücken führten, während ich unter seinem Gewicht fast zusammenbrach, blieb mir unvergessen.

Unter anderem sagte der Hauptmann zwei Sätze, die sich mir für immer einprägten. „In Knechtschaft zu geraten und zum Sklaven gemacht zu werden“, lautete der eine Satz, „ist nichts weiter als ein Unglück des Moments, das Unglück eines Menschen oder einer Gesellschaft beginnt erst dort finale Ausmaße anzunehmen, wo der Wille aufhört, sich daraus zu befreien.“ Der zweite Satz lautete: „So gesehen, kann man auch im Zustand der Unterjochung frei sein.“ Beide Sätze mögen heute pathetisch klingen, in der Dramatik jener Nächte im Herbst 1945 und der beginnenden Tyrannei im Land klangen sie der Situation genau angemessen.

Eine halbe Stunde danach starb der Hauptmann in dem kleinen, kalten Warteraum, in dem wir auf einen Eisenbahnzug gewartet hatten. Ich bettete ihn auf der einzigen Bank, drückte ihm die Augen zu und legte seinen Offiziersmantel über ihn. Dann weckte ich den Bahnhofswärter – es mag zwei Stunden nach Mitternacht gewesen sein –, sagte ihm, in seinem Haus liege ein Toter, er möge den Gendarmerieposten des Ortes verständigen, und verschwand in der Regennacht. Meine Festnahme hätte unter Umständen die Gruppe der Männer auf der Prejbe gefährdet.

Aus der in mir seit einem Jahr angestauten Wut auf die Fremden, die das Land beherrschten, auf die Verhältnisse, in denen wir als Widerständler wie die Tiere lebten, auf die uniformierten „Siguranţa"-Agenten, die uns jagten und unsere Familien zerstört hatten – mein Vater saß seit März 1945 im Gefängnis, weil er die Lebensmitteltransporte durch das Zoodt-Tal für die Männer am Ştefleşti-Massiv organisiert hatte –, einer Wut, die in dem Maße wuchs, als Gefährten des Widerstands erschossen oder erschlagen, ihre Familie ausgelöscht, ja ganze Sippen vernichtet wurden: Aus dieser Wut heraus begann ich am Tag nach dem Tod des Luftwaffen-Hauptmanns im Haus eines Bekannten im Dorf Sadul, das uns als gelegentlicher Unterschlupf diente, die umfangreiche Erzählung „Fürst und Lautenschläger"/„Prinţul şi bardul" zu schreiben. Die Novelle sollte den Lauf meines Lebens bestimmen.[1]

Ich schrieb sie – über die ich später Näheres mitteilen werde – während der Herbstmonate 1945 und der Wintermonate bis Ende Februar 1946. Ich schrieb auf Papier, auf Kartonstücke, auf Geldscheine, auf Zeitungspapier, auf alles, was ich gerade zur Hand hatte. Keinen einzigen Satz schrieb ich an einem Schreibtisch. Ich schrieb auf den Knien in Schneebiwaks, in verfallenen Sennhütten, auf dem Dachboden der Wohnung meiner Schwester am Rande von Hermannstadt, wohin ich manchmal nachts schlich, um Nah-

1 Fürst und Lautenschläger. Von Hans Bergel. Jugendverlag, Bukarest 1957.
– „‚Fürst und Lautenschläger' enthält nicht nur einzelne protestierende Sätze, die ganze Erzählung ist ein Aufschrei in tyrannos. [Sie wurde] einst unter den deutschen und rumänischen Jugendlichen zu einer Widerstandslegende." (Hans Mieskes, 1988)
„‚Fürst und Lautenschläger' […] hatte zweifellos Relevanz für die Aufbruchstimmung jener Jahre." (Günter Vollkmer, 1993)
„‚Fürst und Lautenschläger' ist eines der seltenen Dokumente der Widerstandsliteratur […] in Rumänien." (Peter Motzan, 1995)

rungsmittel oder Kleidung für mich und andere zu holen. Ich schrieb im Kreis meiner Gefährten oder wenn ich allein war – und ich hatte dabei das Gesicht des Flieger-Hauptmannes vor Augen und seine Sätze von der inneren Freiheit dessen im Ohr, der die äußere Freiheit verloren hat. Ich diskutierte den Handlungsablauf der Novelle mit den Partisanenfreunden und hörte dabei von Bauern ebenso kluge Bemerkungen wie von Intellektuellen. Bald in einem unserer Unterstände im Sâmbăta-Tal, wenn wir tief unter uns die bewaffneten Patrouillen heraufsteigen sahen, die ausgeschickt waren, uns zu jagen und zur Strecke zu bringen, bald im Erdloch im Zibinsgebirge oder in der großen Sennhütte des Hirten mit Namen Crăciun auf den Steilhängen hoch über dem linken Ufer des Zoodt-Flusses, wo ich ganze Monate der Winter 1944/45, 1945/46 und 1946/47 zusammen mit dem Hirten und dessen Schafen lebte; er hatte sie aus Angst vor den Requirierungen durch die Sowjettruppen in die Ghihan-Berge hinauf getrieben, sie waren die Grundlage der Existenz seiner Familie mit sechs kleinen Kindern. Heute noch kann ich die Passagen in dem Text bezeichnen, zu denen mich der Hirte mit seinen Erwägungen anregte. Ich schrieb auf Deutsch – in meiner Muttersprache – und übersetzte dem Hirten, wie auch meinen anderen Widerstandsgefährten den Text ins Rumänische. Jeder verstand, was ich schrieb – Idee der Freiheit und Wille zur Freiheit sind an keine Sprache gebunden. Ich brachte, sooft es sich machen ließ, die Papier- und Kartonschnipsel, die beschriebenen Holz- und Metallplättchen zu meiner Schwester, die sie versteckte und – was ich erst viel später erfuhr – mühsam ins Reine übertrug.

Zum stilistischen Feinschliff, zur sorgfältigen Redigierung des Textes kam es bei alldem nicht. Ich hatte weder die Zeit noch die innere oder äußere Ruhe, alle die sprachlichen Ungehobeltheiten, zu denen es mich bei jener hastigen ersten Niederschrift hinriß, zu glätten, zu frisieren oder zu beseitigen – meine Schwester tat es bei der Reinschrift ebensowenig. Und es war mir auch gar nichts daran gelegen, ein literarisch vollendetes Skriptum zu verfassen. Worauf es mir ankam, war allein dies: Meinen Zorn auf die Tyrannei in Worte zu fassen, um nicht an ihm zu ersticken, meiner Wut auf die Unterdrücker Ausdruck zu verleihen, um nicht moralisch zugrunde zu gehen. Hätte ich andernfalls das Ende des in meinen Armen verstorbenen Luftwaffen-Hauptmannns überleben können, ohne für immer traumatisiert zu werden? Das Gefühl, das mich nach dem Abschluß der Arbeit an der Erzählung „Fürst und Lautenschläger“ Ende Februar 1946 beherrschte, war die Gewißheit, mich von der Angst vor der Diktatur ein für allemal befreit zu haben. Damit meine ich nicht die Angst in der momentanen Situation etwa vor der Folter bei einem Verhör, sondern die grundsätzliche Angst davor, dass die Diktatur mich innerlich deformieren könnte. Dies war der Gewinn, der mich über ein Vierteljahrhundert Kommunismus mit sechs Verhaftungen, drei Verurteilungen und drei Einkerkerungen hinweg trug. – Übrigens war der „Siguranţa“, als ich „Fürst und Lautenschläger“ Ende Februar 1946 beendete, mein Name durch Verrat bereits bekannt.

Worum geht es in der Erzählung? Ich skizziere im Telegrammstil:

Ein Fürst Siebenbürgens aus dem berühmten ungarischen Adelshaus der Báthory reitet zu Beginn des 17. Jahrhunderts mit seinem Heer kreuz und quer durch das Land, plündert die Ortschaften, befiehlt, Menschen umzubringen, und hinterläßt, wo er hinkommt, Not und Entsetzen; die Bevölkerung ist vor seiner Übermacht wie gelähmt. Im Jahr 1612 besetzt der 23-jährige Kronstadt/Braşov und überzieht die Stadt mit seinem Schreckensregime. Doch hier trifft er zum erstenmal auf seinen Raubzügen einen Mann, dem er nicht gewachsen ist – einen jener fahrenden Sänger, die damals von Ort zu Ort zogen und mit Liedern und Lautenmusik auf Plätzen und in Wirtshäusern ihren Unterhalt verdienten.

Angesichts der fürstlichen Willkürherrschaft in der Stadt und ihrer Umgebung und der Panik der wehrlosen Bürger, beginnt der Lautenschläger, um den Menschen Mut zu machen, Spottlieder auf den Fürsten zu singen. Der Fürst hört davon, läßt den Lautenschläger verhaften und entschließt sich, diesem zusätzlich auch noch dadurch seine Macht zu beweisen, dass er ihm die Freiheit verspricht, wenn er ihn, den Fürsten, in Gegenwart des gesamten Hofstaats mit einem Loblied besingt. Der Lautenschläger wird vor die versammelte Gesellschaft der Nobilität gebracht, und Fürst Gabriel Báthory stellt ihm im Tausch gegen ein Loblied nicht nur die Freiheit in Aussicht, sondern darüberhinaus ein großzügiges Geschenk. Es kommt zu einem Dialog zwischen dem Fürsten und dem Lautenschläger, der nach und nach dramatische Formen annimmt, da sich der Lautenschläger weigert, den Fürsten zu besingen. Auf dem Höhepunkt entgegnet der Lautenschläger dem Fürsten: „Ich bin keine käufliche Hure, Hoheit, meine Kunst ebensowenig. Und ich bin frei, auch wenn Ihr mich in Ketten legen und einsperren laßt." Damit ist dem Fürsten das Ende seiner Möglichkeit angezeigt, Gewalt über Menschen auszuüben: Wohl kann er den Lautenschläger physisch der Freiheit berauben, nicht aber psychisch ... Bald danach beenden übergeordnete politische Entwicklungen das Regime Báthorys, der schließlich von den Soldaten und Offizieren der eigenen Leibwache wie ein toller Hund erschlagen wird. – Soweit die Erzählung. Erforderlich ist ein Nachtrag: Reale Geschichte an ihrem Inhalt ist das Terrorregime des Fürsten Gabriel Báthory (1589–1613), die Besetzung Kronstadts im Jahr 1612 und Báthorys Ende – ich hatte als Achtzehnjähriger das mehrbändige Werk eines Historikers über die Geschichte Siebenbürgens gelesen. Literarische Fiktion ist die von mir erfundene Gestalt des Lautenschlägers und dessen Zusammenprall mit dem Fürsten im Zeichen der Freiheitsfrage. Diese ist uns allen immer gestellt, auch dort, wo es nicht um das historische Ereignis geht.

Heute weiß ich, dass ich mit „Fürst und Lautenschläger" bis in Details hinein das fast ein halbes Jahrhundert später erfolgte Ende der kommunistischen Diktatur voraussagte, das heißt: dass ich mit meiner Auffassung als Zwanzigjähriger von der finalen Unbesiegbarkeit des Freiheitsgedankens, den Dante zum „maggior don" des Lebens erklärte, Recht behielt, dass also der Luftwaffen-Hauptmann mir das Richtige gesagt hatte. Doch worauf es in unserem Zusammenhang ebenso ankommt, ist dies: Mit Hilfe der Erzählung hatte ich mir endgültig Klarheit verschafft über meine Stellung im kommunistischen Staat, mehr noch: in *jeder* Diktatur.

Zum Abenteuer der Entstehung dieser Erzählung gehören nun aber auch Ereignisse, denen sie zusammen mit mir schicksalhaft ausgesetzt war. Die Geschichte des „Fürst und Lautenschläger" war längst nicht zu Ende. Ihr Höhepunkt stand erst bevor. Ich werde ebenfalls skizzieren.

Im September 1947 informierte mich Dr. Capa bei einer unserer geheimen Begegnungen, dass die „Siguranţa" meinen Konspirationsnamen erfahren habe und mir die sofortige Erschießung drohe, sollte sie mich fangen, ich hätte keine andere Möglichkeit, sagte der Doktor, als aus dem Land zu fliehen. Das tat ich dann auch: Gegen Ende September 1947 gelang es mir, in der Nähe der banater Ortschaft Groß-Sankt-Nikolaus/Sân Nicolaul Mare bei Nacht über die Grenze nach Ungarn zu gelangen, um von dort Österreich und Deutschland zu erreichen, wo ich Verwandte hatte. Jedoch nahm mich in Budapest dank eines von mir unabhängigen Vorfalls die ungarische Polizei fest und überstellte mich bei Curtici der rumänischen Behörde, die nicht darüber informiert war, dass mich die „Siguranţa" dringend suchte. Ich wurde wegen verbotenen Grenzüberschreitens in Temeschwar/Timişoara zu einem Jahr Gefängnis verurteilt. Überall suchte mich zu jenem Zeitpunkt die bereits in „Securitate" umbenannte Geheimpolizei – nur nicht im Militärgefängnis im Temeschwar in der Strada Şilimon. Es war für mich –

Ironie der Umstände – der sicherste Ort im Land. Ich wußte das und fühlte mich daher in der Zelle hinter Gittern in Sicherheit.

Der weitere Verlauf der Dinge dieses Themenbereichs ist autobiografisch zwar aufregend, hier jedoch unerheblich; er gehört in eine andere Kategorie von Mitteilungen, ich versprach Ihnen, über Literatur aus dem Geist des Widerstands, des Freiheitswillens zu berichten. Und da ist das Folgende zu sagen:

Genau zehn Jahre nach der Niederschrift des Textes „Fürst und Lautenschläger" besuchte mich der Kulturredakteur der deutschsprachigen Bukarester Tageszeitung „Neuer Weg", Hugo Hausl. Er bat mich um die Teilnahme an einem von seiner Zeitung landesweit ausgeschriebenen Literaturwettbewerb für erzählende Prosa, ich hätte doch sicherlich, sagte Hausl – mit dem ich befreundet war –, eine Arbeit, die ich der Jury des Preisausschreibens zur Verfügung stellen könnte. Er nannte mir zwei der Juroren, deren Namen mir zeigte, dass der Literaturwettbewerb einen ernstzunehmenden Rahmen hatte: den aus Czernowitz stammenden, in Bukarest lebenden deutsch-jüdischen Lyriker Alfred Margul-Sperber und den aus Hermannstadt stammenden, an der Universität Klausenburg lehrenden Germanisten, Kunst- und Musikhistoriker Professor Harald Krasser – vor beiden empfand ich aus fachlichen Gründen Hochachtung.

Der Zufall wollte es – gibt es im Leben Zufälle? –, dass sich zu jenem Zeitpunkt meine Schwester zu Besuch bei mir in Kronstadt aufhielt. Als sie hörte, dass ich Hausls Bitte mit dem Hinweis abschlägig beantwortete, ich hätte keinen für das Preisausschreiben geeigneten Text, erinnerte sie mich an die Erzählung „Fürst und Lautenschläger", die seit 1946 bei ihr lag. Zwar hatte ich die Arbeit nicht vergessen, doch in diesem Augenblick nicht an sie gedacht. Auch hatte ich sie seit der Niederschrift 1945/46 nicht wieder gelesen: In meinem Leben hatte sich in den zurückliegenden zehn Jahren zu viel ereignet, als dass mich die frühe Arbeit weiter beschäftigt hätte. Auf diese Weise erst erfuhr ich auch, dass es eine Reinschrift von ihr gab. Meine Schwester bot sich an, das Skript in meinem Namen an das Bukarester Jurorenkollegium zu schicken. Hugo Hausl war begeistert, als sie ihm den Inhalt summarisch erläuterte – die Unterdrückung des Volkes durch einen Feudalherrn sei als literarisches Thema aktueller denn je, sagte er. Über die Motive, die mich zum Schreiben der Arbeit gedrängt hatten, ließ sie kein Wort verlauten.

So kam „Fürst und Lautenschläger" in der ungeschliffenen, ja kruden sprachlichen Fassung der ersten Konzeption in die Hände der Bukarester Jury – und wurde preisgekrönt. Ich wurde mit Lob überschüttet für die „starke", „dramatisch konsequente" und „faszinierende" Darstellung der Revolte jenes Lautenschlägers im Namen der Volksmassen, der „Mut vor Fürstenthronen" bewiesen hatte und ein Beispiel „frühen Klassenbewusstseins in marxistisch-leninistischem Sinne" sei – und Ähnliches mehr aus dem Vokabular der damals vom Staat und den allmächtigen kommunistischen Kulturfunktionären diktierten Literaturideologie, der sich zu widersetzen u. U. lebensgefährlich war. Ich konnte es kaum fassen, dass die von mir *gegen* sie geschriebene Erzählung ausgerechnet *in ihrem Namen* preisgekrönt wurde. Die Erzählung erschien in Fortsetzungsfolgen in der Tageszeitung „Neuer Weg", ja sie erschien 1957 im Bukarester Jugendverlag/Editura Tineretului als Buch und machte mich über den Kreis der deutschsprachigen Leser hinaus über Nacht bekannt, weit bekannter als meine übrigen Autorenkollegen, die ebenfalls Preise erhalten hatten. Viele Jahre nachher schrieb ein mit zeitgeschichtlichen Fragen beschäftigter Mann in Deutschland in einer im Jahr 2009 veröffentlichten Studie: Die Leser hätten „den heißen Atem des Freiheitswunsches" sehr wohl gespürt, von dem die Erzählung „Fürst und Lautenschläger" beseelt sei.

Sie werden verstehen, dass ich all dies im Jahr 1956 als einen persönlichen Triumph der besonderen Art über das verhasste diktatorische Regime empfand. War es doch mehr als ein Paradox, dass ein von mir gegen die Gewaltherrschaft geschriebener Text prämiert, von staatlichen Institutionen wie Zeitung und Verlag auch noch veröffentlicht und damit landesweit unter die Leute gebracht wurde. Als die Erzählung 1957 in Buchform erschien, machte sie mich zum bekanntesten deutschsprachigen Autor der jüngeren Generationen in Rumänien. Bitte glauben Sie mir, dass ich diesen irrationalen Triumph nicht zuletzt im Namen ehemaliger Gefährten aus dem bewaffneten Widerstand empfand und genoß, vor allem im Namen des Militär-Piloten, dem ich in einer Regennacht im Herbst 1945 im dunklen Wartezimmer des kleinen Bahnhofs die Lider über die erloschenen Augen gedrückt hatte. Es war ein Triumph, mit dem sich kein noch so großer der üblichen literarischen Erfolge messen kann.

Doch auch dies ist noch nicht das Ende der Geschichte der Erzählung „Fürst und Lautenschläger" – einer Geschichte von Rebellion, Sieg und Niederlage, von Verrat und Gemeinheit, die bis heute kein Ende nahm und immer wieder die Geister erregt. Denn als mich nach Veröffentlichung der Erzählung 1957 ein acht Jahre jüngerer Freund im Zeichen der Verschwiegenheit fragte: ob mit dem Fürsten meiner Arbeit nicht die Staatsführung des kommunistischen Landes, mit dessen Gewaltherrschaft nicht die der Bukarester Regierung und mit dem Lautenschläger nicht der Künstler gemeint sei, der die Freiheit im unterdrückten Land fordere, wurde mir schlagartig die Gefahr bewußt, in der ich mich befand: Die gegen die Staatsmacht gerichtete Doppeldeutigkeit meines Textes war in der Eindeutigkeit ihrer Absicht zu demonstrativ. Dass ich dem – vermeintlichen – Freund als Zeichen meiner Bitte um Verschwiegenheit die Hand auf den Mund legte, war ein Fehler: Die Geste kam einer Bestätigung seiner Vermutung gleich – so zumindest verstand er sie. Als er im Jahr darauf, 1958, aus anderen Gründen verhaftet wurde, verriet er den „Securitate"-Untersuchungs-

Offizieren nicht nur den gegen Partei und Regierung gerichteten doppelten, den eigentlichen Sinn, sondern er lieferte darüberhinaus eine schockierend umfangreiche und mich mit jedem Wort schwer belastende Interpretation der Erzählung. Das geschah im Juni 1958; die Kopie der vollständigen Protokoll-Akte befindet sich in meinem Besitz. Die Interpretation ist so raffiniert durchdacht und detailliert verfaßt, dass ich bei den ungezählten Verhören nach meiner Verhaftung im April 1959 und bei meinem Prozeß im September 1959, bei denen es ausschließlich um „Fürst und Lautenschläger" ging, keine Chance zu wirkungsvoller Verteidigung hatte. Beidemale ging es um die Replik des Lautenschlägers: Ich bin keine käufliche Hure, meine Kunst ebensowenig, und ich bin frei, auch wenn ich in Ketten gelegt und eingesperrt werde. Das war klar – und vor Gericht hatte ich dem nichts hinzuzufügen. Für diese zwei Sätze wurde ich zu 15 Jahren Zwangsarbeit verurteilt. Ich schilderte den Prozess in einem 2011 in München erschienenen Band Erzählungen, „Die Wildgans", unter dem Titel „Der Major und die Mitternachtsglocke". 46 Jahre nach dem Prozeß, ich lebte seit 47 Jahren in Deutschland, schrieb ein angesehener Literaturhistoriker: „‚Fürst und Lautenschläger' ist eines der seltenen Dokumente der Widerstandsliteratur [...] in Rumänien." Der „Freund" aber, der mich 1958/59 sowohl beim Verhör der „Securitate" als auch als Anklagezeuge beim Prozess verraten hatte, gestand in einem 2001 veröffentlichten Buch: sein Verrat an mir habe ihm die Möglichkeit geboten, sich dafür an mir zu rächen, dass ich ihm in allem überlegen gewesen sei ... Wie Sie sehen, ist das Dunkel der menschlichen Seele unergründlich, und die Motive menschlichen Handelns können erbärmlichsten Regungen entspringen.

Und „Fürst und Lautenschläger" hörte nicht auf, mir in meiner Biografie Höhen und Tiefen zu bescheren. Lassen Sie mich jedoch zum Abschluß kommen und Ihnen einen der Momente schildern, in denen mir meine im Alter von zwanzig Jahren im Zorn gegen die Tyrannen geschriebene Erzählung gleichsam wie ein Bruder begegnete, der mir in Licht und Schatten die Treue hielt. Ich habe diesen Moment im Buch „Der Tod des Hirten oder Die frühen Lehrmeister“, 1985, festgehalten. Er entschädigte mich für alle Unbill, die mir aus ihr erwuchs, und schenkte mir jenes schwer zu beschreibende Gefühl der Selbstbestätigung, das selbst in dunkelsten Stunden Lebenskraft verleiht. Ich lese Ihnen die Passage vor:

In einem Zwangsarbeitslager in den Ialomiţa-Sümpfen an der unteren Donau geriet ich Anfang der Jahre 1960 als politischer Häftling in eine „der dort allenthalben anzutreffenden Erzählrunden. (…) In der Runde befanden sich zwei Ungarn, drei Serben, fünf Rumänen, ein Jude, ein Engländer, der als Militärspion fünf Jahre abzusitzen hatte, ein Österreicher und zwei Ruthenen. Vom Kulissenschieber bis zum Rechtsanwalt, vom Arzt bis zum Hafenarbeiter waren die Zivilberufe der fünfzehn Männer gemischt. Ein Lastwagenfernfahrer führte das Wort. Er bat mich, im letzten freien Winkel zwischen den Pritschenbetten auf dem Dielenboden Platz zu nehmen, und erläuterte mir den Stand des Gesprächs. Er erzähle – sagte er – seit gestern Abend und in voraussichtlich vier weiteren Abendfolgen den großen Roman eines Dichters, den er in einem anderen Gefängnis von einem Mithäftling gehört habe. In drei Sätzen führte er mich in die Romanhandlung ein und fuhr danach ohne Umstände an die ganze Runde gewendet fort. Ich traute zunächst meinen Ohren nicht: denn was der kleine rumänische Fernfahrer aus Caracal an der Donau erzählte, war meine Novelle ‚Fürst und Lautenschläger‘, deretwegen ich verurteilt worden war.

Ich habe mich weder dem Erzähler noch einem der Zuhörer als Autor jemals zu erkennen gegeben. (…)

Die Wiederbegegnung mit meiner Novelle, die ich als Zwanzigjähriger geschrieben hatte und die nun (…) durch Straflager und Gefängniszellen wanderte, losgelöst von meinem Willen, losgelöst aber auch von ihren Mängeln, blieb bis heute eine der denkwürdigen Begebenheiten meines Lebens." –

Ich danke Ihnen für Ihre Aufmerksamkeit auch im Namen all derer, die vor 65 Jahren Mitarbeiter an der Erzählung „Fürst und Lautenschläger" waren – die Intellektuellen, Bauern und Hirten in den Südkarpaten, von denen heute nur noch die Wenigsten leben.

Vortrag vor landesweit ausgewählten Abiturienten
im Rahmen der Politischen Sommerkurse der Academia Civica
im Juli 2011 in Sighetu-Marmaţiei, Rumänien.
Originaltitel: Literatură şi rezistenţă. Aspecte neobişnuite

FSC
www.fsc.org
MIX
Papier | Fördert gute Waldnutzung
FSC® C083411

Zeitfracht Medien GmbH
Ferdinand-Jühlke-Straße 7
99095 Erfurt, Deutschland
produktsicherheit@kolibri360.de

Druck:
CPI Druckdienstleistungen GmbH
im Auftrag der
Zeitfracht Medien GmbH
Ein Unternehmen der Zeitfracht - Gruppe
Ferdinand-Jühlke-Str. 7
99095 Erfurt